Kama Sutra
para mulheres

Dra. Vinod Verma

Kama Sutra para mulheres

Tradução
Angela Machado

Revisão técnica
Luciana Ayer
Nutricionista

CIP-BRASIL. CATALOGAÇÃO-NA-FONTE
SINDICATO NACIONAL DOS EDITORES DE LIVROS, RJ.

Verma, Vinod, 1947–

V621k   Kama Sutra para mulheres / Vinod Verma ; tradução de Angela Machado. –
Rio de Janeiro : Nova Era, 2009.

Tradução de: The Kamasutra for Women
ISBN 978-85-7701-243-5

1. Relações homem-mulher. 2. Educação sexual para mulheres. 3. Amor. 4.
Sexo. 5. Mulheres – Comportamento sexual. I. Título.

08-3679.   CDD: 306.7082
CDU: 316.83-055.2
28.08.08   01.09.08   008441

Título original norte-americano
THE KAMASUTRA FOR WOMEN
Copyright da tradução © 2007 by EDITORA BEST SELLER LTDA.
Copyright © 1997 by Vinod Verma

Capa: Mello e Mayer
Projeto e composição de miolo: ô de casa
Adaptação das ilustrações de miolo: Miguel Carvalho

Todos os direitos reservados. Proibida a reprodução,
no todo ou em parte, sem autorização prévia por escrito da editora,
sejam quais forem os meios empregados, com exceção das resenhas literárias, que podem
reproduzir algumas passagens do livro, desde que citada a fonte.

Direitos exclusivos de
publicação em língua portuguesa para o Brasil
adquiridos pela
EDITORA NOVA ERA
um selo da EDITORA BEST SELLER LTDA.
Rua Argentina 171, São Cristóvão
Rio de Janeiro, RJ * 20921-380 * Tel.: 2585-2000
que se reserva a propriedade literária desta tradução.

Impresso no Brasil
ISBN 978-85-7701-243-5

PEDIDOS PELO REEMBOLSO POSTAL
Caixa Postal 23.052

Rio de Janeiro, RJ – 20922-970

*Dedicado a todos os homens que aceitam
o eterno feminino em seu interior e amam e respeitam
as mulheres como mães, irmãs, companheiras e filhas.*

Até mesmo um homem impulsivo
não deve ser grosseiro com uma mulher, lembrando que dela dependem a alegria do amor
sensual, o prazer e a virtude.
Uma mulher é sempre um campo sagrado
no qual nasce o Ser. Nem os sábios têm o
poder de procriar sem ela.

Mahabharata, I (74), 51-52

O conteúdo desta obra não pretende passar por conhecimento médico e, portanto, não deve ser visto como tal. A autora e os editores não serão responsáveis por quaisquer conseqüências decorrentes do uso indevido das técnicas aqui apresentadas. As aplicações dessas técnicas devem ser feitas sob orientação médica. Qualquer aproveitamento para fins comerciais de terapias e medicamentos oferecidos neste livro deve ter o consentimento prévio da autora. Para mais informações, entrar em contato pelo e-mail vermayur@vsnl.com.

Sumário

Prefácio		11
Agradecimentos		15
Introdução		17
Parte I	Autoconscientização	23
Parte II	Harmonia dos Princípios Masculino e Feminino	37
Parte III	Menstruação e Sexualidade	57
Parte IV	Gravidez, Parto e Sexualidade	107
Parte V	As Três Dimensões da Mulher	133
Parte VI	Poder Físico e Sexualidade	149
Parte VII	Poder Mental e Sexualidade	177
Parte VIII	Atmosfera, Ritual e Sexualidade	189
Parte IX	Ritmo e Variedade na Sexualidade	205
Parte X	Rejuvenescimento e Afrodisíacos	221
Parte XI	Sexualidade e Espiritualidade	245
Considerações Finais		259

Prefácio

O Kama Sutra clássico foi escrito por Mallanaga Vatsyayana há pouco menos de dois mil anos. *Kama* significa amor sensual e, como o tratado foi escrito sob a forma de aforismos, ou *sutras,* ficou conhecido como Kama Sutra.

Além do Kama Sutra clássico, existem vários livros da literatura da antiga Índia sobre sexualidade e sensualidade. Na Ayurveda – ciência indiana milenar de saúde e cura –, a sexualidade consiste em uma das oito especialidades principais. A literatura antiga sobre sexualidade foi escrita por homens e de acordo com a visão destes. A mulher é considerada apenas uma parceira sexual. A descrição da energia sexual e do prazer sensual é feita principalmente a partir da perspectiva masculina. Não é incomum encontrar frases como "o melhor afrodisíaco é a própria mulher" ou "as mulheres possuem oito vezes mais energia sexual do que os homens". A complexidade do corpo feminino, a diversidade e os problemas da sua energia sexual, ligados a seu ciclo menstrual, parto e menopausa, foram praticamente ignorados. O fato de a natureza básica da mulher diferir da do homem não foi analisado nem comentado.

Contudo, isso não significa que os aspectos multidimensionais e complexos da mulher tenham sido ignorados na antiga Índia. Essa cultura sobreviveu entre as mulheres, e pode ser encontrada em várias partes do país ainda hoje na tradição oral.

Durante dez anos pesquisei sobre a tradição viva da Índia, os problemas que as mulheres atuais enfrentam em todo o mundo e as antigas escrituras indianas, a fim de reunir nesta obra as diferentes dimensões da mulher – sua psique e sua saúde, e a relação desses elementos com a sexualidade. Procurei abordar uma gama de experiências femininas. Além de analisar gravidez, parto, poder físico e mental, atmosfera, rituais, ritmo e variedade na sexualidade, rejuvenescimento, afrodisíacos e sexualidade e espiritualidade, o livro tem a intenção de servir de guia para as mulheres modernas, propondo técnicas antigas para satisfazer os sentidos, reforçar a mente e perceber a energia espiritual.

Baseado na antiga tradição hindu do Sankhya, da Ayurveda e do ioga, este livro fornece uma nova teoria para descrever a diferença entre a natureza fundamental das mulheres e dos homens. Essa diferença não é responsável somente pela diversidade no comportamento de homens e mulheres e suas reações entre si, mas abrange todas as dimensões dos seus relacionamentos e do ato sexual.

Embora tenha recebido o título de *Kama Sutra para mulheres,* é fundamental que os homens adquiram mais conhecimentos sobre as complexidades femininas para criar uma harmonia masculino-feminina no mundo. A maioria das mulheres atuais se queixa de que os homens não as compreende. Se lerem este livro com atenção, os homens serão capazes de compreender as sutilezas das características femininas. Além disso, como a sexualidade envolve igualmente homens e mulheres, é impossível direcionar este tema, com exclusividade, às mulheres. O livro é dividido em 11 partes, com 11 sutras cada, e as seis partes finais abordam os aspectos práticos da sexualidade, obviamente para homens e mulheres.

Cada uma das partes é iniciada por uma citação retirada de textos antigos, adequada junto com uma ilustração pertinente ao tema. As pinturas em miniatura e as esculturas eróticas indianas dos templos fornecem contextos ritualísticos apropriados.

São apresentadas posturas especiais de ioga, criadas recentemente, que facilitam a realização de diversas posturas sexuais e o aumento da flexibilidade para ajudar no momento do parto.

Ainda são mencionados vários medicamentos ayurvédicos e homeopáticos, bem como métodos de purificação e rejuvenescimento contendo afrodisíacos. Pode-se contar com alguns métodos para coordenar as energias sexuais masculino-femininas em diversos níveis dessa experiência ímpar.

Prefácio

Publicado pela primeira vez em 1994,[1] a partir dessa data iniciei conferências e promovi seminários para grupos mistos ou exclusivamente femininos em vários países na Europa. As mulheres têm mostrado grande entusiasmo por esse tipo de encontro, do qual podem obter dicas para os seus problemas de saúde ou para rejuvenescer sua energia sexual, aprender a partilhar suas experiências entre si, bem como a serem fortes e corajosas e desenvolver a habilidade de descobrir as razões por trás de seus problemas.

É notável a quantidade de homens que me relataram que, após a leitura deste livro, puderam compreender as reações sexuais das mulheres e desenvolver um relacionamento melhor em vários níveis de existência. Entretanto, muitos também se queixaram de que o livro não trata especificamente dos problemas masculinos. Admito a falha, e estou preparando um volume sobre a Eterna Energia Masculina, no qual tentarei fornecer algumas respostas para vários assuntos destacados pelos homens em meus seminários ou em outros encontros.

Enfrentei também, ocasionalmente, a hostilidade de pessoas que consideraram arrogância de minha parte escrever e falar a respeito da liberdade das mulheres – sua força e sexualidade –, tendo nascido em um país subdesenvolvido, onde as mulheres são torturadas. São pessoas cujo conhecimento sobre a cultura e as mulheres indianas foi adquirido em reportagens sensacionalistas sobre *sati* ou noivas queimadas em fogueiras. De qualquer forma, não proponho que este livro seja uma solução para problemas criminais, seja na Índia ou em qualquer outro lugar.

Editado também em alemão, inglês (Índia e América), holandês, português, francês, italiano, romeno, hindu e malaio, este livro foi extremamente bem recebido em meu país natal.

Os problemas das mulheres apresentados aqui não estão restritos a qualquer comunidade ou religião em particular. Trata-se daqueles que, fundamentalmente, concernem às mulheres em geral. Pesquisei extensamente a

---

[1] Esta obra foi extensamente copiada sem minha permissão, inclusive seu título. Um dos autores alemães reuniu material considerável do meu trabalho de pesquisa sobre menstruação e gravidez. Pelo bem da minha paz mental, não recorri à ação judicial contra eles, mas considero fundamental deixar meus leitores a par desse acontecimento.

respeito para tornar o estudo bem amplo. Propositalmente, busquei não me ater a problemas limitados a um país ou grupo em particular.

O Kama Sutra para Mulheres (KSM) não é uma versão alterada do *Kama Sutra* de Vatsyayana, como foi comentado por pessoas ignorantes a respeito de ambas as obras. Na verdade, alguns críticos alemães e suíços do meu livro nomearam erroneamente o Kama Sutra clássico de *Kama Sutra para homens*. O *Kama Sutra para mulheres* não é, de forma alguma, uma versão alterada do Kama Sutra clássico; é um livro totalmente diferente, que pela primeira vez focaliza aspectos profundos da sexualidade feminina de um ponto de vista feminino e holístico, e trata especialmente dos problemas ligados ao sexo das mulheres. Escolhi escrevê-lo sob a forma de *sutras* não em virtude do conhecido *Kama Sutra* de Vatsyayana, mas porque sou muitíssimo influenciada por esse antigo estilo literário do *Yoga Sutras* de Pátañjali, do qual já fiz uma tradução comentada.

A sexualidade é uma fonte muito poderosa de energia, e deve ser canalizada de maneira adequada. Quando é suprimida, mal orientada ou mal utilizada, pode ocasionar problemas sérios de saúde, até mesmo fatais. Pode também criar desequilíbrios sociais, abrindo caminho para eventuais crises sociais. Para dar a essa imensa fonte de energia humana uma direção positiva e benéfica, precisamos primeiro reconhecê-la e não tratá-la como mais um elemento da sociedade de consumo. A sexualidade é sagrada, um símbolo da existência da vida e da sua continuidade.

Na história humana, as mulheres desempenharam um papel muito importante na manutenção dos valores antigos estabilizadores da paz e da harmonia no universo. Peço que as mulheres desenvolvam a coragem para enfrentar as forças que nos desintegram e fragmentam nossa vida. A mulher é capaz de realizar essa tarefa com mais facilidade que o homem, uma vez que a existência deste tem início em seu ventre.

VINOD VERMA
drvinodverma@dataone.in
www.ayurvedavv.com
Dezembro, 2005

Agradecimentos

Anos atrás, traduzi e comentei os *Yoga Sutras,* de Pátañjali, obra escrita há 2.600 anos. A lógica e a clareza dedutivas do autor me impressionaram, e com ele aprendi a escrever utilizando sutras. Deixo aqui meus respeitos e minha homenagem a ele.

Sou extremamente grata ao meu pai, que me ensinou a desenvolver a coragem e a força e me fez compreender que essas eram as qualidades essenciais para se obter sucesso na vida. Esses valores me ajudaram a encarar as dificuldades com tranqüilidade, e não me lembro de um único incidente em que tenha me sentido indefesa ou diminuída por ser mulher. Meus pais me proporcionaram uma vida enriquecida e realizada, sem a qual não teria sido possível escrever este livro.

Desde 1986, venho trabalhando neste projeto e, para obter esclarecimentos sobre algumas questões que me foram surgindo, reuni informações de diversos segmentos da sociedade, em comunidades diferentes de várias religiões e países. Deixo aqui minha profunda gratidão a todos aqueles que, sem hesitar, partilharam suas experiências, pensamentos, alegrias e dores pessoais.

Reconheço com profunda gratidão os esforços incansáveis de Mahendra Kulasreshtha, nosso editor em inglês, pelas suas sugestões valiosas e pela edição.

Agradeço à minha amiga Nancy Meyerson-Hess, pelas discussões inspiradoras, o encorajamento e o apoio. O Dr. N. D. Sharma foi gentil ao editar os sutras em hindu.

As posturas de ioga são de Gauree Gayatri, e sou extremamente grata a ela por ser um exemplo maravilhoso e por manter a paciência durante as sessões fotográficas.

Quero agradecer à professora Rekha Jhanji, conselheira de arte da nossa organização, por me permitir utilizar algumas das pinturas em miniatura de sua coleção particular. Sou grata à Inspetoria Arqueológica da Índia e ao Museu Nacional de Nova Délhi, por providenciar várias fotos de esculturas e miniaturas.

Sou extremamente agradecida à minha editora, Silvia Bachmann, pelo seu entusiasmo em realizar esta edição de O *Kama Sutra para mulheres,* a qual alterei consideravelmente ao adicionar mais detalhes práticos e enriquecê-la com trabalhos de arte. Sua sugestão de acrescentar esquemas se mostrou muito prática para os usuários.

Introdução

A palavra *Kama* denota sensualidade como um todo, significando, portanto, os sentimentos e expressões de prazer e dor derivados de todos os cinco sentidos, que são, por sua vez, governados pela mente. A própria mente passa por constantes modificações por meio dos sentidos. Mas ela é também capaz de ir além da sensualidade quando a colocamos em um estado sereno. A mente controla a mente, e quando fazemos um esforço para silenciá-la por intermédio de seus próprios esforços ela pára de se alterar. Em um estado não-alterado, a experiência humana fica além da sensualidade, e a mente se torna una com a alma. Esta nunca se altera; como um espelho, ela reflete as atividades da mente e é o agente da consciência.

O desejo pelos prazeres mundanos surge dos sentidos. A raiz da palavra *kama* está em *kamana* – que significa desejo. O termo *kama* não significa exclusivamente sexualidade ou prazer sensual. Sexualidade é uma entre outras milhões de experiências sensuais e não pode ser tratada exclusiva e independentemente. Entretanto, trata-se de uma experiência muito especial, em que todos os sentidos estão simultânea e intensamente envolvidos, e esse envolvimento cresce até o limite último do prazer sensual. Os sentidos atingem um estado de exaustão e, conseqüentemente, sem desempenho, o que faz surgir um momento além dos sentidos e um estado não-alterado da mente. Existe uma rápida experiência de um vácuo e do nada. Trata-se de uma experiência espiritual de acordo com o pensamento hindu. Quando a mente é silenciada e liberta do seu envolvimento com os sentidos, sendo, portanto, afastada do mundo fenomênico, ela se torna una com a alma ou o agente de ser, que é somente energia.

Na antiga Índia, *kama* ou sexualidade não era algo compartimentalizado ou tratado exclusivamente, nem considerado uma exigência de isolamento e sigilo. Isto não causa surpresa, pois os indianos antigos viam o universo como um todo perfeitamente organizado, sempre dinâmico e em transformação, em que nada acontecia fortuitamente e tudo era interligado, inter-relacionado e interdependente. Os Vedas – ou livros de sabedoria – são os mais antigos livros da Índia. Havia uma longa tradição oral antes de eles terem sido escritos, cerca de 350 anos atrás. No *Atharva Veda* (o Veda do fogo), *kama* é louvado como:

> *Kama nasceu primeiro,*
> *nem os deuses, nem os ancestrais,*
> *nem os seres humanos podem se equiparar a ele.*
> *Ó Kama, tu és imenso e resides em todos os seres vivos.*
> *Eu me inclino diante de ti.*
> *Tu és a deidade mais elevada*
> *que o sol, a lua, o vento e o fogo.*
> *Tu estás assimilado em tudo,*
> *e portanto és para sempre grande.*
> *Eu me inclino diante de ti.**

A união do masculino com o feminino ocupa um lugar sagrado na tradição indiana. Ela simboliza a união e a dissolução das duas energias cósmicas principais e as forças complementares que fazem surgir a sensação da bem-aventurança única. A combinação de *Purusha,* ou Alma Universal, com *Prakriti,* ou substância cósmica, é a essência do mundo fenomênico. A alegria física momentânea da união sexual pode ser prolongada e estendida a uma experiência espiritual e cósmica – mas somente se tivermos aprendido a ver a vida em sua totalidade e estar ciente do nosso relacionamento com o sistema cósmico.

---

*Atharva Veda, IX, (2), 19-21.

Introdução

Além do *Kama Sutra* de Vatsyayana, que consiste em um tratado exclusivamente sobre a sexualidade, na antiga Índia a sexualidade estava integrada a um corpo de expressões escritas e figurativas. O famoso historiador A. L. Basham, em seu livro *The Wonder That Was India*, escreveu: "A literatura da Índia hindu, tanto religiosa quanto secular, é repleta de alusões sexuais, de simbolismo sexual e de passagens de erotismo direto (...) As preocupações eróticas da antiga Índia ficaram bem evidentes na arte e na literatura."[2]

Diferente dos estudiosos ocidentais, eu diria que os indianos antigos não eram muito "preocupados" com as idéias eróticas, pois eles aceitavam a sexualidade como parte integrante da vida junto com outras experiências sensuais.

A literatura médica antiga indiana, bem como sua tradição viva atual, dedica-se em grande parte à psique da mulher e ao seu ser físico. Infelizmente, essa sabedoria encontra-se dispersa e, em virtude da rápida industrialização, a tradição oral está aos poucos se perdendo. Tentei reunir essa sabedoria em uma obra visando o benefício mundial do "componente feminino da humanidade" e o bem final da própria humanidade. Prazer, felicidade e intensidade da experiência na vida humana dependem do nosso bem-estar físico que, por sua vez, está associado ao equilíbrio interno e externo.

A mulher é o núcleo do sistema familiar, o que lhe confere mais responsabilidade do que ao seu parceiro masculino. Por outro lado, ela precisa de mais cuidado e atenção, compreensão e indulgência do seu parceiro graças ao seu sempre mutável estado físico e psicológico e à sua responsabilidade extra pela criação e maternidade.

Este livro pretende também ajudar os homens conscientes a compreender melhor as várias dimensões da sexualidade da mulher e guiá-los em favor de um relacionamento mais equilibrado, harmonioso e satisfeito com suas companheiras. As seis últimas partes do livro, sobre interação sexual, são importantes para ambos os sexos.

Os movimentos pela libertação das mulheres em relação à visão conservadora e limitada do seu papel ganharam impulso nos últimos anos,

---

[2]A. L. Basham, *The Wonder That Was India* (Londres, Fontana Books, 1971), p. 172.

pois as mulheres elevaram sua voz contra a exploração do passado. Esta obra compartilha o mesmo ponto de vista. Ela pretende conduzir as mulheres à autoconfiança e à força. As mulheres não são parceiras sociais passivas para os homens e não são, de forma alguma, inferiores na sua participação sexual. Elas também não são "iguais" aos homens, nem os homens são "iguais" a elas. Ambos são diferentes e complementares entre si. Homens e mulheres são parte integrante um do outro, e um fica incompleto sem o outro.

Precisamos compreender que a exploração e a supressão das mulheres não são necessariamente organizadas pelos homens. É mais um sistema que se encontra desequilibrado por inteiro. A solução é não discutir com os homens nem culpá-los pelo mal causado, mas curar os erros do nosso sistema social. Tanto é necessária a participação dos homens quanto a das mulheres para alterar a base filosófica fundamental de todo o sistema.

O que penso sobre esse assunto é semelhante ao que considero sobre a saúde. Existem sempre infecções e doenças ao nosso redor. Ao ficarmos mais fortes mantendo nossas energias mentais e físicas em equilíbrio, poderemos nos salvar das desordens inatas e evitar qualquer ataque externo. Da mesma maneira, acredito que as mulheres devem se fortalecer em todos os aspectos. Nós (homens ou mulheres de qualquer grupo social ou nação) devemos lembrar que somos explorados quando nos deixamos ser explorados. As árvores que têm raízes profundas não caem com facilidade em uma tempestade; suas raízes atingem as entranhas da Terra.

A base teórica desta obra é formada pela idéia fundamental da unidade cósmica de várias escolas de pensamento da antiga Índia, e especificamente a escola especulativa Sankhya de pensamento, que fornece a base metafísica para a disciplina do ioga e da Ayurveda (a antiga ciência indiana de saúde e cura). A sabedoria prática deste estudo deriva da sabedoria iogue, ayurvédica e étnica, e também da pesquisa realizada no contexto da nossa vida moderna tecnologicamente orientada.

O livro contém 11 temas principais divididos em 11 partes. Cada parte contém 11 sutras em hindu e traduzidos, seguidos das devidas explicações. Quando necessário, serão acrescentadas outras explicações filosóficas ou

Introdução

práticas sobre vários aspectos do tema, inclusive receitas ayurvédicas e homeopáticas e exercícios de ioga.

Preferi escrever este livro em aforismos ou sutras, não por influência do conhecido *Kama Sutra* de Vatsyayana, mas porque sou muitíssimo influenciada por esse antigo estilo, que, na Índia, foi adotado há mais de três mil anos, quando as prescrições cerimoniais foram reduzidas a uma forma mais compacta e a um sistema científico mais preciso. A obra da qual mais sofri influência foi o *Yoga Sutras* de Pátañjali. Pátañjali escreveu seu *Yoga Sutras* por volta do século V a.C. Suas quatro partes contam com 191 sutras, nos quais o grande mestre elucida "de maneira matemática" a disciplina do ioga, conduzindo o leitor gradualmente a uma viagem ao seu ser mais interno, o qual se expande na realidade cósmica. Pelo seu exemplo, senti que o uso de aforismos – a expressão de princípios em frases curtas e vigorosas de modo que eles possam ser facilmente lembrados – é um modo muito eficaz de disseminar o conhecimento prático.

As mulheres são a espinha dorsal da sociedade. Elas precisam ser saudáveis, instruídas, conscientes e fortes para sustentar qualquer comunidade. Igualmente importante é que os homens compreendam as complexidades da mulher, seus meandros fisiológicos e suas dimensões físicas e emocionais ligadas à maternidade. Não me refiro apenas ao parceiro, mas também ao pai, irmão e filho. Em uma sociedade em que as mulheres não são compreendidas nem consideradas importantes, e ainda são suprimidas, não pode haver equilíbrio, harmonia e paz. Espero que esta obra contribua para que as mulheres se estruturem no mundo, tornando-se autoconfiantes, e criem harmonia nos relacionamentos entre homens e mulheres. A falta de conhecimento é a causa básica dos problemas do mundo. Este livro reúne esclarecimentos sobre as mulheres para que elas possam se compreender melhor e para que os homens possam obter conhecimentos que os auxiliem a compreender melhor suas mães, irmãs, parceiras e filhas.

Parte I
पहला भाग
Autoconscientização
नारीत्व का बोध

O que existe que um poeta não consegue observar?
O que existe que uma mulher não consegue fazer?
O que existe que um bêbado não consegue dizer?
O que existe que um corvo não consegue comer?

Chanakya

1. Este livro foi escrito em benefício da realização de homens e mulheres, e para auxiliar a criar um ambiente social harmonioso.

Embora este livro tenha como título *O Kama Sutra para mulheres*, seu conteúdo pretende educar tanto homens quanto mulheres sobre os múltiplos aspectos da vida da mulher e as várias facetas da sua sexualidade. Uma mulher precisa se conhecer e compreender as mudanças biológicas que afetam sua vida e seu estado emocional. Se ela não fizer um esforço para viver em harmonia com os principais eventos da sua vida, como gravidez, parto e lactação, sua saúde deteriorará, ela se sentirá frustrada e sua energia sexual ficará gravemente prejudicada.

O ambiente social imediato da mulher é, geralmente, seu parceiro. Ele precisa aprender igualmente a respeito do corpo, da mente e das necessidades internas do sexo feminino. Se ele não compreender as mulheres em geral, não poderá compreender sua parceira em particular. Surgirão mal-entendidos que conduzirão ao desequilíbrio sexual, que poderá se transformar na causa principal da desarmonia entre os dois, criando espaço para mais problemas com outras pessoas. Esse desequilíbrio na menor unidade social – a família – trará conseqüências desagradáveis para os filhos, e um grande número de famílias com problemas formará uma sociedade enferma.

Portanto, este livro é importante tanto para homens como para mulheres, diferente do que o título pode sugerir.

2. A mulher é o núcleo da menor unidade social e, quando ela não está bem, a confusão e o caos prevalecerão no presente e no futuro.

Uma mulher é geralmente a força central da família, uma vez que é do seu ventre que a família prolifera. Na gravidez, no parto e na amamentação ela desempenha um papel exclusivo. Os pequeninos dependem dela, se agarram aos seus seios e se sentem seguros próximos a ela. Uma mulher simboliza a terra, que provê proteção, nutrição e segurança. Ela é como uma grande árvore *banyan*,* sob cuja sombra fresca filhos e pais encontram conforto. Ela é generosa e abundante. Essa é sua natureza em geral, embora haja naturalmente exceções. A intensidade da maternidade depende da razão do princípio masculino-feminino em cada ser humano, assunto que abordaremos com mais profundidade nas últimas partes deste livro.

Contudo, a generosidade não significa que os outros à sua volta possam usufruir dela sem uma devida compensação. A relação com uma mulher é como nossa relação com a terra. Nas antigas civilizações, a terra e seus atributos – seus rios, lagos, montanhas, árvores e vegetação – eram adorados. As pessoas mostravam sua gratidão por meio de cerimônias; em casos de catástrofes naturais, eles tentavam apaziguar sua raiva de várias maneiras.

Mas os povos das atuais civilizações industriais causaram danos ambientais irreversíveis. Após vários séculos de exploração, eles agora se tornaram conscientes da seriedade de seus atos e estão tentando curar essas feridas. Alguns dizem que as primeiras causas da exploração, tanto da natureza quanto das mulheres, foram lançadas pelos pioneiros da ciência moderna.[3] Se aqueles que estão mais próximos de uma mulher se aproveitarem indevidamente da sua generosidade, se não mostrarem gratidão e respeito por ela, esta se tornará uma vítima de desconfortos e dores, como a mãe terra.

---

*Árvore sagrada na Índia. (*N. da T.*)

[3] Para mais detalhes sobre este tema, consultar *Death of Nature*, de Carolyn Merchant (Nova York: Harper & Row, 1980).

A falta de bem-estar pode influenciar o futuro. A saúde precária e o estado mental infeliz de uma mulher afetam adversamente até suas filhas que ainda não nasceram, que poderão, por sua vez, crescer para se tornar mães inseguras e frustradas, propensas a problemas mentais. A felicidade e a saúde de uma mulher são importantes para nosso presente e para nosso futuro.

Falar do bem-estar das mulheres não implica negligenciar homens e filhos. Mas, se uma mulher for ignorada e viver sob condições de dor e desconforto mental, os filhos e o pai destes também sofrerão.

3. Uma mulher precisa aprender a se proteger e a cuidar do seu próprio bem-estar para garantir a harmonia e o equilíbrio cósmicos.

Uma mulher deve se proteger e salvaguardar seus próprios direitos mais do que esperar isso dos outros. Em sua capacidade como núcleo da família, ela pode criar condições melhores para seu próprio bem-estar e daqueles que estão mais próximos.

Primeiro, sua associação com seu parceiro não deve ser confusa. A mulher não deve fazer com que o homem dependa dela, seja nas responsabilidades domésticas, seja no aspecto emocional. A dependência dele não é saudável para nenhum dos dois. Algumas mulheres se tornam indispensáveis para aumentar o próprio sentido de prazer e orgulho, ou para satisfazer seu ego, ou para tentar ganhar a atenção e o amor de seus parceiros. Nesse processo, causam grandes danos a si mesmas, embora só se dêem conta disso bem mais tarde.

Na idade em que começam a cultivar esses hábitos, elas têm muita energia. Com a chegada dos filhos e o passar do tempo, as responsabilidades aumentam e a vitalidade diminui. Surgem a insatisfação e a irritação. Advém o momento em que não mais conseguem suportar a carga de suas extensas responsabilidades. Esse é o motivo de tantas mulheres sofrerem de doenças físicas e mentais na meia-idade. Nesse estágio de sua vida, quando se sentem de algum modo fracas em virtude das mudanças fisiológicas que estão ocorrendo em seu corpo, muitas vezes sentem que "não conseguem mais suportar", e acham quase impossível mudar os hábitos que cultivaram por tanto tempo. Até mesmo a mulher vinda de uma estrutura patriarcal tradicional, que não trabalha fora de casa, não deve tornar seu parceiro completamente dependente dela. Nessa situação, é óbvio que ela carrega uma responsabilidade maior nos afazeres da casa, porém, mesmo assim, precisa ter alguma distração pessoal. Deve encontrar um hobby e um trabalho social, e não se devotar 24 horas por dia somente à família. Trabalhar fora faz com que as pessoas mais chegadas percebam que ela não está sempre ali para ajudá-los e servi-los. Se ela não fizer isso, provavelmente sofrerá de várias doenças, especialmente quando seus filhos deixarem o lar e o marido se aposentar. Ela poderá se ver dentro de um vazio, dando origem a problemas psicológicos. Com a saúde deficiente e o comportamento irritável, ela se tornará um problema para todos à sua volta.

Uma mulher pode trabalhar para os outros por generosidade e amor, porém, ao torná-los dependentes dela para todas as pequenas coisas do dia-a-dia, ela está somente causando mal a todos. É lamentável quando um homem não sabe onde estão suas roupas, não consegue fazer uma pequena mala para viajar, preparar a própria comida ou realizar qualquer outra pequena tarefa rotineira. Se um homem assim for vítima de alguma adversidade, ele se sentirá completamente confuso e perdido, e muitas vezes buscará qualquer pessoa para preencher suas necessidades.

Crianças criadas por mães que fazem tudo para elas nunca se tornam auto-suficientes e autoconfiantes. Sua personalidade não se desenvolve adequadamente, elas nunca aprendem a decidir por si mesmas e tendem a crescer fracas. Os meninos dessas famílias podem mais tarde se tornar uma preocupação para suas parceiras. As meninas podem propagar essa tradição negativa. O resultado final é que todos sofrem, especialmente as mulheres.

Uma mulher não deve agir como uma serva muda para sua família. Ela deve fazer os outros compreenderem, de maneira sutil, seus deveres e responsabilidades. Isso deve ser feito de modo lento e amigável. Métodos rudes e abruptos ou uma mudança repentina no comportamento podem provocar reações fortes e formar uma atmosfera desagradável. Uma mulher pode trabalhar pela sua libertação de vários modos discretos e diplomáticos.

Em várias sociedades antigas, os costumes e rituais protegiam as mulheres. Por exemplo: na Índia, a mulher vivia em quarto separado durante seu período menstrual e não fazia os trabalhos da casa. Dizia-se que estava "impura" durante aquele período, o que não é uma idéia muito agradável; mas, pelo lado positivo, ela dispunha de tempo para se recuperar do estresse físico decorrente da menstruação e também desfrutava de alguns dias de folga do seu trabalho rotineiro. Havia cerimônias e códigos de conduta similares para as mulheres grávidas. Após o parto, a mulher não trabalhava por 40 dias. Isso lhe dava tempo para recuperar as forças perdidas.

Com as mudanças ocorridas com o tempo, esses antigos rituais se perderam. Precisamos inventar novos rituais para proteger e salvaguardar os direitos da mulher na família. Por exemplo, aquelas que cozinham regularmente para suas famílias deveriam desenvolver o costume de, pelo menos uma vez por semana, transferir essa responsabilidade a seu parceiro ou a um filho mais crescido. Durante esse dia, a mulher permaneceria fora da cozinha e não interferiria. Muitas mulheres se sentem inseguras sobre o "seu reino" – a cozinha – e não gostam que os homens entrem no seu território. Algumas estão convencidas de que, quando os homens entram na cozinha, fazem uma bagunça enorme. Mesmo quando gostariam que seu parceiro cozinhasse ou ajudasse, elas continuam interferindo e resmungando.

Não permitam que seu parceiro seja limitado na vida! Inspire-o a aprender a administrar uma cozinha! O alimento é vida, e é uma pena viver comendo como um inválido sem ter a experiência sensual de preparar os alimentos. O ato de cozinhar envolve produtos de cores, formas, gostos e odores diferentes que se misturam, fazendo surgir uma sensação inteiramente nova. Cozinhar não é diferente de uma experiência sexual. Não privem os homens desse prazer. Tentem ser pacientes e indulgentes quando eles entrarem na cozinha e, se não conseguirem, pelo menos tentem permanecer distantes.

Mulheres que trabalham fora não devem cozinhar regularmente; nessa situação, as responsabilidades da casa devem ser divididas igualmente entre os adultos da família. Quando uma mulher trabalha oito horas por dia fora de casa e ainda tem de permanecer como chefe da casa, sua juventude acaba rapidamente e ela se torna sexualmente passiva. Muitas vezes, um homem se pergunta por que sua parceira perdeu todo o entusiasmo que tinha antes de viverem juntos. Ele não compreende que, depois de todo o seu trabalho, ela simplesmente não tem energia física para uma atividade sexual.

Falei muito sobre homens e filhos dependentes de mulheres. Porém, elas também deveriam dividir aquelas responsabilidades que são com freqüência atribuídas, por tradição, exclusivamente aos homens. Alguns exemplos: construção e renovação da casa, manutenção e reparo de várias ferramentas e aparelhos domésticos, compra de imóveis, carros, móveis etc. Muitas vezes, as mulheres não mostram interesse nessas atividades e deixam toda a responsabilidade para os homens.

Uma mulher deve também aprender a se proteger no seu local de trabalho. Os colegas do sexo oposto, em várias profissões diferentes e em diversos países, esperam que elas assumam tarefas como fazer café, manter o escritório em ordem e limpo e outras pequenas atividades. Lembro-me de que, nos Estados Unidos, em um dos laboratórios de pesquisa no qual trabalhei, o técnico esperava que sua colega limpasse lâminas, placas e recipientes.

Outro fato é que as próprias mulheres criam as mesmas situações no trabalho, resistindo às tarefas que esperam que os homens cumpram. Não ajam assim, vocês devem se esforçar ao máximo para aprender bem sua profissão, seja ela qual for. Uma pessoa incapaz não pode ser positiva e forte. Muitas mulheres estão convencidas de que não conseguem lidar com máquinas ou outras funções que requeiram conhecimentos mecânicos. Isso é apenas um bloqueio mental. Esses pensamentos jamais devem ganhar espaço em sua mente – permaneçam abertas ao que for novo!

Iniciem com uma boa concentração de mente e uma vontade firme, e certamente terão sucesso. É essencial que as mulheres se tornem auto-suficientes e independentes antes de se tornarem positivas.

4. O bem-estar de uma mulher surge com o desenvolvimento da sua força interior.

Culpar a sociedade, os pais ou a cultura pela sua fraqueza mental ou física somente conduz a uma atitude amarga e ranzinza que não produz bons resultados. Uma mulher que se culpa deteriora seu estado mental e adquire uma personalidade desagradável. E queixar-se sobre algo que já está feito é somente destrutivo. Isso não significa que a mulher não deva encarar os fatos de sua vida. Pelo contrário, esses fatos devem fornecer uma orientação para ela mesma e para as gerações futuras. Existe sempre tempo para um novo começo. Em vez de ruminar sobre o passado, examine os escombros, salve o que puder e em seguida inicie uma nova construção, baseada na verdade, na gentileza, na humildade e na generosidade. Os aspectos práticos do desenvolvimento dessa força serão apresentados em todo o livro.

5. A força tem aspectos físicos, mentais e espirituais.

Os três aspectos da força citados estão em ordem de prioridade. A força física é primordial, uma vez que, sem uma boa saúde, você não consegue ter os meios para ganhar a vida.

No Ayurveda, diz-se que a primeira prioridade da vida é a própria vida; a segunda, obter meios para viver, sem os quais uma vida longa pode ser miserável. Somente após realizar essas duas prioridades é que será possível seguir o caminho da espiritualidade.[4]

Meios de sustentação, como alimento, abrigo e roupas, são necessidades humanas primárias. Após elas terem sido satisfeitas, você poderá desenvolver a força mental – um pré-requisito para o caminho espiritual. A mente controla a mente, e é somente por meio dos esforços da mente que se transcende a realidade física.

---

[4] *Charaka Samhita, Sutrasthana*, XI, 3-6.

6. Uma mulher desenvolve a força por meio de seus próprios esforços.

Todos nós nascemos e crescemos em circunstâncias diferentes – alguns são privilegiados, outros lutam muito para conseguir algo na vida. Segundo a tradição hindu, o local e as condições do nosso nascimento dependem do estoque dos nossos atos anteriores, ou *carma*. Com o nosso carma atual (o que fazemos agora) podemos construir condições privilegiadas para arruinar ou montar uma bela estrutura sobre as ruínas anteriores. Portanto, o papel do carma atual, ou esforço pessoal é muito importante.

7. O esforço pessoal é essencial em todos os casos, mesmo para aqueles que nascem ricos e belos.

Imagine alguém que tenha nascido com uma bela aparência. Em sua juventude, a beleza atinge seu auge. Contudo, por meio de um comportamento descuidado, ela engorda ou negligencia sua saúde e permite que sua pele se resseque. Sua beleza pode também diminuir por meio de um comportamento irratadiço. Por conta do seu carma atual, ela perdeu o que tinha obtido graças ao seu carma anterior. Por outro lado, alguém com uma aparência comum pode se tornar charmoso e atraente cuidando da sua saúde e assimilando traços positivos de personalidade.

Sem o esforço pessoal, a mulher não consegue desenvolver a força necessária para seu bem-estar.

8. A verdadeira beleza de uma mulher está na sua força, não na sua aparência externa.

Esse sutra fornece aos homens uma boa orientação para a escolha de suas parceiras. Uma aparência exterior encantadora sem força interior, autoconfiança e capacidade de discernimento não dura muito, e não é uma boa base para a comunhão sexual.

A beleza física externa e a sexualidade estão universalmente ligadas, mas, quando a mente não tem força, não é possível ter uma experiência sexual realizadora.

Discutimos anteriormente o desequilíbrio que surge quando o homem e seus filhos se tornam dependentes da mulher. Temos agora o exemplo inverso. A mulher sem força se torna uma parasita das pessoas mais chegadas. Para a mulher conduzir uma vida sexualmente compensadora e enriquecida, precisa desenvolver sua força, que lhe dará uma aparência radiante (*tejas*) e a deixará atraente em todos os aspectos. Para aumentar o prazer sensual na sexualidade, é necessário aguçar o poder dos sentidos. Isso pode ser feito somente com muita persistência e força de vontade. Uma pessoa fraca desiste dos esforços e não consegue vivenciar uma experiência sensual intensa, embora a possibilidade de prolongar a satisfação sexual resista na intensificação dessa experiência.

Tem-se observado que algumas mulheres usam maquiagem elaborada; elas pintam os cabelos e adotam todos os meios artificiais para atrair a atenção do parceiro. Os relacionamentos que se baseiam nesses fatores artificiais geralmente terminam em desastre. A mulher que dedica muito esforço, tempo e dinheiro para se tornar superficialmente atraente é, em essência, uma pessoa infeliz. Mais do que buscar a realização por esses meios, ela deveria tentar evocar uma beleza duradoura, que venha do seu interior.[5]

9. Força e flexibilidade de corpo e mente são adquiridos simultaneamente.

Força e flexibilidade de corpo e mente são adquiridos simultaneamente por meio de vários métodos do ioga. Como você deve saber, essa atividade não é meramente um exercício físico. Os movimentos lentos do corpo são coordenados simultaneamente com uma concentração sobre a respiração. A inalação e a exalação do ar estabelecem nosso elo com

---

[5] Para mais detalhes, consultem o livro de minha autoria *The Natural Glamour*, 2006, Gayatri Books International, gayatribooks@yahoo.de.

o cosmos. Com a prática regular do ioga, tanto a mente quanto o corpo se tornam relaxados. O corpo adquire flexibilidade e a mente se pacifica. A própria concentração conduz finalmente a uma mente livre de pensamentos.

Na Parte VI, abordam-se exercícios específicos.

10. A estabilidade do processo do pensamento traz um unidirecionamento que conduz à lucidez espiritual.

Quando a mente está livre dos pensamentos e se mantém estável, ela se torna una com a alma. Normalmente, a mente é submetida a uma corrente contínua de pensamentos e está ligada ao mundo pelos sentidos. A natureza básica da alma é estável; ela não tem qualidades nem se altera. É o agente da consciência. Entretanto, quando adquirimos um estado mental livre de pensamentos pelo esforço pessoal, a mente se retira da experiência sensual e se torna una com a alma.

11. A lucidez espiritual é essencial para atingir a realização sensual e espiritual por meio da sexualidade.

Este livro não trata exclusivamente da experiência sensual do sexo, mas também da espiritual. Para consegui-la pela união sexual é preciso que você desenvolva o poder da concentração que conduz à estabilidade da mente. O prazer sensual é aumentado por meio de um corpo flexível, concentração e práticas respiratórias.

Todos os cinco sentidos estão envolvidos na interação sexual. Com o poder aumentado da concentração, a sensualidade é levada ao seu mais alto grau, um estado no qual ela deixa de existir, e a mente torna-se estável. Esse é o ápice da experiência sexual. Prolongar essa estabilidade momentânea e viver uma experiência de beatitude é a experiência espiritual na sexualidade, o momento em que a mente livre de pensamentos se afasta dos sentidos e vivencia a unicidade com a alma (ver Parte XI). Uma pessoa que já desenvolveu seu poder de concentração com os *pranayamas* – práticas iogues de respiração – pode utilizar esse poder para fins espirituais (ver Parte VII, sutra 1).

Aqui termina a Parte I de
Kama Sutra para mulheres, sobre autoconscientização,
que introduz o tema do livro.

Parte II

Harmonia dos Princípios Masculino e Feminino

दुसरा भाग
स्त्री-तत्व तथा पुरुष-तत्व में सन्तुलन

Para desfrutar dos prazeres de Kama, a energia universal suprema se manifestou sob uma forma dual. Uma luz escura (Krishna) impregnou uma luz clara (Radha).

Karapatri Svami

1. As naturezas básicas da mulher e do homem diferem em virtude da diferença na proporção dos princípios masculinos e femininos neles presentes.

Há sempre muita discussão sobre esse assunto em todas as sociedades civilizadas. Em várias culturas atribuem-se características estereotipadas a um ou outro sexo, prejudicando a suavidade e a flexibilidade de quase todos os relacionamentos. Os homens são treinados para se mostrar austeros, rígidos, intocados pela emoção. Por serem tão severos consigo mesmos, reprimindo as emoções, acabam desenvolvendo enfermidades como úlceras de estômago, hemorróidas e colites.

As mulheres, por outro lado, são ensinadas a ser somente mães e esposas, a servir e a cuidar. São protegidas das atividades árduas da vida e devem se sentir completamente desamparadas se tiverem de enfrentar o mundo externo. Nas culturas antigas e nas sociedades tribais, essa compartimentalização não existe, e a profundidade da separação e da união dos dois sexos é mais bem compreendida do que nas sociedades tecnologicamente avançadas.

Os princípios masculino e feminino existem tanto no homem quanto na mulher, mas a proporção varia em cada indivíduo. Expressões como "um homem afeminado" e "uma mulher masculinizada" são muito comuns em várias línguas, sendo utilizadas para descrever pessoas em quem se acredita que essa proporção é desequilibrada.

Para deixar claro, tentarei expressar essa idéia de modo matemático. Vamos supor que, segundo as normas de determinada sociedade, uma mulher perfeita tenha oitenta por cento do princípio feminino e vinte por cento do masculino. Ela pode ser classificada como "bem feminina". Os percentuais variam e ajudam a justificar uma ampla gama de características. Vamos supor que a maioria das mulheres tenha um princípio masculino na faixa entre 21 e 35 por cento. Talvez acima de 35 por cento a mulher mostre características que transmitam aos outros a impressão de ser fortemente masculina, sendo, portanto, designada como "uma mulher masculinizada". Podemos aplicar a mesma relação para descrever "um homem afeminado".

Perceba, contudo, que esses exemplos são somente ilustrações para ajudar a explicar o sutra; esses princípios não podem ser realmente aplicados em termos de números, pois essas comparações não têm validade. Essa terminologia de princípios masculino e feminino representa mais uma forma de energia ou força do que algo concreto. Deve também ficar compreendido que nesses exemplos os princípios não se referem somente às qualidades masculinas e femininas externas, mas também às características inerentes e qualidades inatas de ambos os sexos.

2. Três qualidades fundamentais formam os princípios feminino e masculino; é a proporção dessas qualidades que os torna diferentes entre si.

As três qualidades fundamentais mencionadas nesse sutra são *sattva*, *rajas* e *tamas*. Elas são as três qualidades básicas da Substância Cósmica, a *Prakriti*. A união da Alma Universal – o *Purusha* com a Substância Cósmica –, a *Prakriti*, é a causa do mundo fenomênico. O *Purusha* não possui substância nem qualidades. É a energia, o princípio ativo de *Prakriti*, que diferencia os princípios. (Ver quadro a seguir.)

Sattva é a qualidade da verdade, do bem, da virtude e do equilíbrio. *Rajas* é a qualidade que denota a força, o ímpeto e a ação. *Tamas* reprime, restringe, obstrui e resiste ao movimento. *Sattva* é a qualidade da luz e do conhecimento; *rajas*, do movimento e da ação; e *tamas*, da escuridão e da inação. Elas são inter-relacionadas e se influenciam mutuamente, como os três lados do triângulo; quando um lado muda, afeta os outros dois.

Manter o equilíbrio entre as três qualidades é mais difícil do que mantê-lo entre pares de qualidades opostas.* As três qualidades não devem ser confundidas com o yin e o yang da tradição chinesa, que se referem aos dois pólos opostos da energia. Tudo no mundo fenomênico tem as três qualidades, em proporções variáveis. Elas formam toda a natureza do universo em vários níveis sutis e práticos da nossa existência e são também aplicadas em outros fenômenos cósmicos.

Sattva é uma causa individual da existência; ela revela a alma. Pode ser comparada ao estado de vigília. (Os termos *sono*, *sonho* e *vigília* são aqui utilizados de modo abstrato.) A alma é o agente do ser do corpo material. Portanto, é o verdadeiro "Ser" de um indivíduo.

Tamas é, com freqüência, comparada ao estado do sono. Um embrião está nesse estado antes de nascer.

Rajas é muitas vezes comparada ao estado do sonho. Simboliza as atividades da vida que ocorrem na energia sutil interior.

Com relação ao corpo, *tamas*, *rajas* e *sattva* representam os aspectos físico, sutil e espiritual da existência humana.

Do ponto de vista cósmico, *tamas* é o princípio devorador do universo; *rajas*, o criativo; e *sattva*, o da energia e da vida.

Há mais *sattva* e *tamas* do que *rajas* no princípio feminino. No masculino, *rajas* domina, enquanto *sattva* e *tamas* ocorrem em menor medida. É a proporção dessas qualidades que torna os princípios diferentes entre si.

Nas civilizações tecnologicamente avançadas, caracterizadas por um ritmo inquieto de vida, a ausência de real prazer e a falta de busca espiritual, todas as três qualidades estão em estado de desequilíbrio, fazendo surgir vários problemas que acabam se revelando nos relacionamentos entre homens e mulheres, inclusive na sexualidade.

---

* O leitor deve tentar compreender o conceito de equilíbrio das tres qualidades atentando para seus diferentes níveis. Por exemplo, a estabilidade atingida pela meditação é também oposta ao movimento, mas não é *tamas*, pois essa experiência está em um nível diferente da estabilidade e resulta do sono. A experiência do sono ocorre no nível corpóreo e a atividade da mente continua durante o sono, enquanto a estabilidade atingida pela meditação é o estado em que as atividades da mente são interrompidas. Esta última acontece em um nível completamente diferente, que está além da experiência corpórea, e é espiritual.

A BASE FILOSÓFICA DO IOGA E DO AYURVEDA

A combinação das duas forças fundamentais é responsável pelo mundo fenomênico. São elas *Purusha* (ou Alma Universal) e *Prakriti* (ou Substância Cósmica). Vamos chamar *Purusha* de A e *Prakriti* de B. A é o princípio causador de B. A não tem qualidades ou substância; é o alento de vida em B. *Prakriti* tem três qualidades constituintes que são chamadas de *sattva* (qualidade da verdade, da virtude, da beleza e do equilíbrio), *rajas* (qualidade da força e do ímpeto) e *tamas* (qualidade que reprime, restringe e impede o movimento). Apesar dessas qualidades, *Prakriti* não tem urgência em agir, pois é inanimada. Somente com a combinação de A e B a existência se manifesta.

Essa combinação resulta em três fatores principais: intelecto ou poder de discernimento, princípio individualizador e poder de pensamento ou mente, que dão origem a cinco elementos sutis: som, sensação, aparência, sabor e odor. Com esses elementos sutis o universo se torna uma realidade face a face com o "eu" (princípio individualizador), pois é por meio deles que o "eu" é capaz de perceber o universo físico.

Os elementos fundamentais são o éter, o ar, o fogo (ou luz), a água e a terra. O universo inteiro é formado por esses cinco elementos. Ligados aos cinco elementos sutis estão os cinco sentidos: audição, tato, visão, paladar e olfato. Os sentidos operam por meio de seus respectivos elementos fundamentais. Por exemplo, o meio para o sentido da audição é o som, que opera por intermédio do éter. Ligados aos cinco sentidos estão os cinco modos de ação: a capacidade de se expressar, agarrar, mover, excretar e procriar (Tabela 1).

Antes da combinação da Alma Universal com a Substância Cósmica, as três qualidades estão em um estado de equilíbrio perfeito. Depois, o equilíbrio muda constantemente, graças às ações, ou ao carma, que é a natureza inerente do mundo fenomênico.

O universo é um todo dinâmico em mutação constante, no qual tudo está interconectado, inter-relacionado e interdependente. Existe uma transformação contínua, que representa o tempo. Nascimento, morte e os diferentes estágios da vida nada mais são do que transformações de um estado para outro. Nada é perdido para sempre nem acontece sem razão. Tudo se move em direção a um objetivo definido. Nosso corpo é constituído dos cinco elementos fundamentais. Contudo, o agente da consciência é a alma – uma parte da Alma Universal. Ela não tem substância ou qualidades e é o princípio que anima o corpo físico. Quando a alma deixa o corpo, a pessoa morre. O corpo degenera, e os cinco elementos, que estavam sob uma organização corpórea específica, retornam à sua fonte original. A alma, ou *jiva*, adquire um novo corpo no ventre da mãe, e diz-se que renasce.

As condições e circunstâncias do nascimento dependem do carma do indivíduo. Dessa maneira, estamos submetidos a um ciclo constante de vida e morte chamado *sansara*. Esse ciclo é doloroso por causa da qualidade da impermanência. Temos de abandonar tudo que amamos e acumulamos. Nada é eterno. A libertação consiste em buscar o caminho da imortalidade e se livrar do ciclo para sempre. Conseguimos isso ao reconhecer nosso verdadeiro ser – a alma – como algo distinto do corpo. A alma é imortal e permanente.

O ioga ensina técnicas para atingir a mestria sobre os cinco sentidos e atingir o reino da alma. O objetivo do ioga é realizar a separação completa entre alma e corpo. Mas, em conseqüência do carma anterior, não é possível alcançar essa condição ideal, pois os remanescentes do carma, os *sanskara,* permanecem em cada alma individual e são transportados de geração para geração. É possível livrar-se do carma somente por meio do *samadhi* – o último dos três estágios da mente após atingir-se o estado livre de pensamentos.

Tabela 1 – Um resumo da especulação sobre a realidade cósmica de acordo com os conceitos do *Sankhya* e do ioga

A		B
A é o princípio que anima B. Não tem qualidades nem substância, logo não pode agir sozinho.	+	B tem três qualidades fundamentais. Possui substância, mas não pode agir sozinho pois é inanimado.

Toda a existência se manifesta quando A insufla vida em B. Essa combinação faz surgir o

⬇

Poder do discernimento + Princípio individualizador + Mente

Esses três formam o mundo real face a face para o "eu" por meio dos cinco elementos sutis, que são

⬇

Som + Sensação + Aparência + Sabor + Odor

É por intermédio desses elementos sutis que o ser adquire a capacidade de perceber o universo formado pelos cinco elementos fundamentais, que são

⬇

Éter + Ar + Fogo + Água + Terra

A partir dessa combinação, surgem os cinco sentidos e os cinco modos de ação, que são

⬇

Audição	+	Tato	+	Visão	+	Paladar	+	Olfato
+		+		+		+		+
Expressar	+	Agarrar	+	Mover	+	Excretar	+	Procriar

3. A diferença na proporção dos princípios masculino e feminino nos homens e nas mulheres é a causa da diferença na natureza inerente dos dois sexos.

Vamos usar o mesmo tipo de proporção matemática que utilizamos para explicar o Sutra 1, a fim de podermos compreender essa diferença. Suponha que o princípio masculino seja definido de modo abstrato, consistindo de cinqüenta por cento *rajas* e 25 por cento de *tamas* e 25% por cento de *sattva*, enquanto o princípio feminino consiste de quarenta por cento de *sattva* e de quarenta por cento de *tamas* e somente vinte por cento de *rajas*. Uma mulher com vinte por cento do princípio masculino e oitenta por cento do princípio feminino conterá 26 por cento de *rajas* e 37 por cento de *sattva* e 37 por cento de *tamas*. Um homem com oitenta por cento do princípio masculino e vinte por cento do feminino terá 44 por cento de *rajas* e 28 por cento de *tamas* e 28 por cento de *sattva*. As possibilidades de variação são basicamente infinitas e ajudam a explicar as diferenças na expressão sexual e no comportamento das pessoas.

Os atributos inatos das mulheres e dos homens emergem das proporções entre as três qualidades. Os atributos masculinos envolvem atividade, ação e movimento. Os femininos são tranqüilidade, espiritualidade, criação, cuidado e outros. Essas características podem ser prontamente observadas nas crianças. As meninas, em geral, são mais pacíficas, estáveis e calmas do que os meninos, que pulam e se deslocam muito. As meninas, em geral, brincam com bonecas, cuidam delas, alimentam-nas e as colocam para dormir. Algumas pessoas dizem que essas características resultam da imposição de normas sociais exercida pelos pais. Não é verdade. Se fosse, todas as mães cansadas do comportamento travesso dos seus meninos os manipulariam com facilidade.

A **Figura 1** mostra um diagrama das idéias expressas nos três sutras citados.

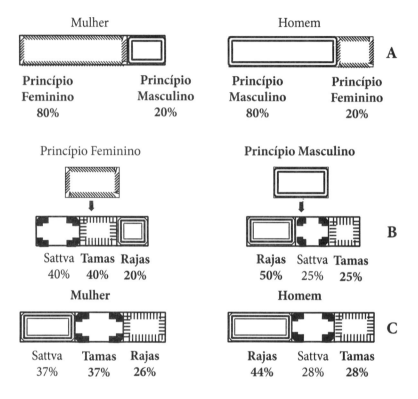

Figura 1. São representadas as proporções dos princípios masculino e feminino em um homem e uma mulher (ver Sutras 1-3). **A** mostra um exemplo hipotético de uma mulher e um homem com proporção feminina e masculina de 80:20 e 20:80, respectivamente. **B** mostra que ambos os princípios têm as três qualidades fundamentais da natureza – *sattva, rajas* e *tamas* (representados por cores diferentes na figura), porém em medidas diferentes. O princípio feminino é hipoteticamente mostrado como contendo vinte por cento de *rajas* e quarenta por cento de *tamas* e *sattva* cada um. O princípio masculino contém cinqüenta por cento de *rajas* e 25 por cento de *sattva* e *tamas* cada um. **C** representa uma mulher e um homem com proporções variáveis das três qualidades interpretadas em termos de percentuais hipotéticos mostrados em **A** e **B**. As mulheres têm mais *sattva* e *tamas* do que os homens, que por sua vez possuem mais *rajas*.

4. A maternidade é uma qualidade feminina inata, ligada não somente a ter um filho.

Do modo como vem sendo utilizada aqui, a palavra *feminino* não significa "mulheres". Feminino ou masculino existem em proporções diferentes tanto em homens quanto em mulheres, e tanto os atributos femininos quanto os masculinos são bem diversos. A qualidade inata da maternidade é atribuída geralmente às mulheres, e isso está também associado principalmente ao parto. Mas a maternidade existe em todos nós em graus variáveis: é a qualidade de providenciar proteção e cuidados, de expressar ternura e afeto. É uma qualidade *sattvica*, a qualidade de *karuna*, ou compaixão. Graças à diferença na proporção nas três qualidades fundamentais, as mulheres a têm em abundância, e os homens, em menor medida. Em algumas sociedades, eles a suprimem. Sem qualquer consideração pela variação no caráter individual nem respeito pela proporção dos princípios masculino e feminino, os homens são pressionados a assumir papéis como soldado, cirurgião, caçador ou pesquisador na área médica. Os que possuem um pouco mais da essência da maternidade sofrem enormemente e podem adoecer.

Deveria ser permitida a livre expressão da qualidade humana básica da maternidade para o bem da saúde das pessoas e da sociedade. Ela existe em nós não somente para ajudar a criar os filhos, mas também para desempenhar um papel importante na sexualidade. É da responsabilidade de uma mulher encorajar a expressão dessa qualidade nos homens próximos a ela e não impor valores falsos a seus filhos quando ainda pequenos.

5. A liberação e a liberdade das mulheres e a supremacia dos homens não residem na negação do elemento da maternidade inerente a ambos.

Em algumas sociedades, homens e mulheres são compartimentalizados e recebem atribuições diferentes. No processo, elas ficam muito absorvidas pelas atividades domésticas, e eles, excessivamente envolvidos na vida fora de casa. Os homens mantêm-se afastados de suas famílias, e as mulheres, muito ligadas. Perde-se a harmonia da sociedade. As pessoas estão negando suas qualidades naturais inatas, e com o passar do tempo, surgem desequilíbrios. As mulheres sentem-se inclinadas à depressão ou adquirem um caráter irritadiço e zangado en virtude do excesso de *tamas*. *Tamas* também pode causar um acúmulo de *kapha* – uma das três energias principais do corpo – em algumas partes do organismo, o que bloqueia o fluxo de energia e cria doenças. Entrarei em detalhes sobre as três energias principais, ou humores corporais, no Sutra 2 da Parte III.

O bem-estar dos indivíduos e da sociedade não repousa na supressão de nossas qualidades inatas nem na negação de parte de nosso ser. Se os homens forem ensinados a se tornar duros e resistentes e a rejeitar a expressão de ternura – que é um sentimento existente em todos eles –, e recusarem privilégios naturais como, por exemplo, ninar um bebê, estarão obstruindo um fluxo livre de suas emoções. O grau do problema depende da proporção do princípio feminino em um homem em particular.

Homens com um percentual relativamente mais elevado do princípio feminino sofrem danos emocionais consideráveis em sociedades nas quais uma pressão constante é exercida para que sejam masculinos. Seu comportamento não se ajusta aos atributos esperados de um macho, independentemente das variações naturais. Ao negar sua natureza básica, para preencher as expectativas das mulheres e da sociedade, alguns homens assumem uma vida solitária ou tornam-se homossexuais.

É essencial reconhecer a presença dos diferentes níveis do princípio feminino nos homens. Uma mulher deveria encorajar seu parceiro a participar de atividades em que ele possa expressar sua qualidade inata da maternidade, como a criação dos filhos. As normas que encorajam a segregação de homens e mulheres devem ser ignoradas. Elas precisam agir com sabedoria, compreensão e paciência e criar seus filhos ensinando-os sobre a variedade e a flexibilidade fundamentais dos seres humanos. As mulheres também sofrem com a ignorância a respeito das variações nos princípios e características masculino-femininas. Os papéis de mãe e esposa muitas vezes lhe são impostos, à custa de outras necessidades, o que levou ao surgimento de um levante reacionário que confirmou a falsa ideologia de que as mulheres deviam negar a expressão de sua maternidade para serem livres. Elas passaram a sentir que para conquistar a liberdade deveriam agir como homens. Em vez de encorajá-los a ser mais flexíveis e ternos, as mulheres reacionárias tentam ser duras e inflexíveis e se recusam a ter filhos e a ser meigas, compassivas e a expressar suas emoções. Isso não conduz à liberdade. A verdadeira liberdade está em desenvolver a força física, mental e espiritual. A negação da forte e inata qualidade da maternidade transgride os princípios da natureza e da própria essência da mulher.

A liberação e a liberdade das mulheres são mais sutis do que essa negação. Para curar as feridas causadas à mãe eterna (ou seja, a mãe terra e o princípio feminino), precisamos trabalhar junto aos homens. O princípio feminino dentro deles também sofreu. A atitude reacionária das mulheres no passado recente aumentou os sofrimentos de homens e até mesmo meninos. Ironicamente, algumas mulheres continuam a lutar contra os homens por seus direitos durante toda a vida e nada fazem para influenciar os próprios filhos sobre o assunto.

6. As três qualidades fundamentais estão presentes também em todo o cosmos, e sua proporção muda constantemente.

O universo é um todo dinâmico sempre em mutação, em que nada é estático e tudo é interdependente, inter-relacionado e interligado. Essa mudança constante no mundo fenomênico é o resultado da transformação contínua das três qualidades fundamentais, que acontece por meio da ação, ou do carma. Nosso carma atual (aquilo que fazemos agora) pode alterar a proporção dessas qualidades básicas que estão presentes em todos os fenômenos cósmicos. O que comemos, como vivemos, como bebemos, como nos comportamos – tudo influencia as qualidades. Se ingerirmos determinado elemento, que é dominante em certas qualidades, isso afetará nosso processo de pensamento e, portanto, nossas ações.

Por isso, um iogue deverá comer somente alimentos sattvicos como leite, ghee, arroz, cenoura e abobrinha. Pessoas que buscam prazeres mundanos e alegria sensual devem ingerir alimentos rajásicos, que incluem uma variedade de frutas e vegetais, queijo, algumas carnes de fácil digestão e pratos preparados com as combinações "certas". Os alimentos tamásicos induzem ao sono e inibem a ação. Alimentos de digestão difícil, que tenham sido pouco ou muito cozidos, ou que possuem forte odor ou algum sabor preponderante (doce ou salgado demais, por exemplo), ou ainda que sejam pesados, como cebola ou carne de porco, pertencem a essa categoria.

Para haver equilíbrio e harmonia, uma pessoa comum deverá manter uma alimentação balanceada em relação às três qualidades fundamentais. As três variedades de alimentos produzem efeitos nas três energias do corpo, e a proporção dessas qualidades afeta particularmente as mulheres no curso de sua vida por causa das mudanças fisiológicas, como menstruação, gravidez, parto e menopausa. É importante tentar sempre manter a harmonia das três qualidades.[6]

7. A força de vontade e o discernimento humano devem ser usados na busca do equilíbrio entre as três qualidades.

Devemos utilizar nosso esforço mental e nossa sabedoria para realizar o carma, de modo a estabelecer equilíbrio das três qualidades, conduzindo, assim, a uma vida saudável e harmoniosa. Por exemplo, quando você está em um período dominado por *tamas* (como alguns dias antes da menstruação), deverá tentar sair da escuridão e brilhar usando roupas coloridas, ingerindo

---

[6] O leitor deve entender que vários produtos alimentares combinam muitas qualidades e não podem ser estritamente categorizados. Por exemplo, o alho é tamásico, mas, combinado adequadamente e em pequenas quantidades, ele se torna rajásico.

alimentos rajásicos e exercitando a força de vontade. Precisará observar cuidadosamente a qualidade das suas ações e seus efeitos e usar seu poder de discernimento para realizar atos que compensem a falta de uma qualidade ou o excesso de outra.

8. Para a harmonia cósmica, tanto mulheres quanto homens deveriam compreender sua unicidade e não permanecer em compartimentos segregados.

Cada mulher possui um homem em seu interior, e cada homem possui uma mulher em seu ser. Estão ambos um dentro do outro. Juntos, eles se complementam, e sua união conduz a uma harmonia cósmica. A segregação e a compartimentalização resultam em choque de valores, bem como confusão ao se atribuírem responsabilidades e exercerem a autoridade. A compreensão da unicidade de homem e mulher pode conduzir a uma flexibilidade maior no relacionamento e mais paciência entre eles. Em vez de rejeitar certos desejos ou privilégios, devemos buscar aquelas necessidades dentro de nós mesmos para compreender melhor o outro.

Vejamos alguns exemplos. Após o parto, a mulher fica muito envolvida com seu bebê. Na verdade, ela já esteve com ele durante os nove meses de gravidez. Mesmo tendo uma vida profissional, suas atividades já estavam voltadas à formação e ao bem-estar do seu filho. Mais cedo ou mais tarde, haverá um equilíbrio natural entre suas responsabilidades como trabalhadora e como mãe.

Entretanto, muitas vezes a chegada do bebê dá ao pai a sensação de privação, especialmente se ele suprime a qualidade da maternidade em si e não faz esforço algum para desenvolver um relacionamento com o filho. Muitos homens acham que sua participação só começa mais tarde, quando a criança vai para a escola. Trata-se de uma idéia falsa. Nove meses de gravidez são privilégio exclusivo da mulher, porém, imediatamente após o início da maternidade, os cuidados e a proteção devem ser providenciados por ambos os pais.

Deveres e relacionamentos são duas coisas diferentes. Satisfazer necessidades materiais talvez seja responsabilidade do pai, em determinados casos, porém a expressão da sua maternidade constrói sua relação com o bebê e fornece para ele um alívio para sua qualidade *rajas* dominante. Mesmo que esteja cansado, trabalhar para seu bebê lhe dará mais energia e o revigorará, graças ao equilíbrio nas qualidades. O relacionamento sexual com a mãe da criança também o rejuvenesce. A mulher, por sua vez, deve ser sábia e generosa ao partilhar sua maternidade com o parceiro. Tornar-se possessiva em relação ao filho e pensar que é a única que pode tomar conta dele trará sofrimento para o pai e também para ela.

Certas noções sobre a divisão de deveres entre homens e mulheres, que talvez tenham sido necessárias um século atrás, não têm mais uso em nossa sociedade moderna e tecnologicamente avançada. Os valores antigos podem se tornar um impedimento nos dias atuais. Tempos atrás, era preciso muito trabalho árduo para manter um lar e criar filhos; não era possível às mulheres de classe média ter um emprego ao mesmo tempo em que realizavam as tarefas de mães e esposas. As atividades profissionais dos homens também eram mais pesadas e requeriam mais tempo e energia. No entanto, as evoluções tecnológicas e as psicológicas não seguiram o mesmo caminho. A dona-de-casa atual raramente se sente "indispensável" como antigamente. Se ficar frustrada e não se sentir realizada, a harmonia familiar estará em risco. Com a grande quantidade de restaurantes disponíveis, os homens também são menos dependentes das mulheres para se alimentar. No passado, o vínculo marital não era rompido com facilidade porque o casal não era capaz de se separar. Essa afirmativa é comprovada quando observamos as taxas elevadas de divórcios que existem somente em sociedades com recursos e tecnologicamente avançadas, em que a necessidade material básica de permanecer juntos não existe mais.

Com a mudança dos tempos e das necessidades, é mais essencial do que nunca trabalhar nos níveis psicológicos sutis da relação homem-mulher e livrarmo-nos da idéia da segregação de homens e mulheres. Não é fácil transformar, e para isso é preciso ter paciência e realizar um esforço enorme em todos os níveis, tanto dos homens quanto das mulheres.

9. A ênfase do homem sobre sua qualidade dominante resulta em excesso de *rajas*, um desequilíbrio que o afasta da sua companheira e dos filhos e propicia doenças.

Alguns homens estão convencidos de que seu papel só é realizado quando são extremamente bem-sucedidos em suas carreiras. Conforme dito, *rajas* domina o princípio masculino. Com o desejo de sair na frente, alguns homens ficam muito envolvidos em sua profissão. Atividade em excesso, muito trabalho e muita interação com outras pessoas intensificam ainda mais o *rajas*. Alguns não têm tempo para sentar e relaxar, brincar com os filhos ou sequer ter momentos de tranqüilidade. O acúmulo de *rajas* pode produzir insônia, inquietude, distúrbios nervosos, hipertensão, falta de desejo ou vigor sexual e outros sintomas. Atividades como essas envolvem a supressão do princípio feminino, criando um desequilíbrio com sérias conseqüências. O homem precisa tomar cuidado para não deixar que *rajas* o domine, e deve ter como meta dedicar algum tempo a filhos e amigos, ou participar de eventos e cerimônias sociais. É importante que ele dedique parte do dia para realizar exercícios respiratórios e de concentração.

10. Uma mulher terá um destino semelhante se enfatizar suas qualidades já dominantes.

Como visto, a mulher possui mais *tamas* e *sattva* do que *rajas*. É a qualidade dominante de *tamas* que dá à mulher o desejo de formar um lar e permanecer nele. Uma combinação de *sattva* e *tamas* conduz ao desejo de ter uma família. *Sattva* também faz surgirem qualidades como bondade, generosidade, compaixão, gentileza, devoção e a busca pela paz e estabilidade interior. Graças ao predomínio de *sattva*, vemos um percentual maior de mulheres em grupos de ioga e outros sistemas de desenvolvimento espiritual. O crédito para a preservação da antiga tradição da Índia se deve principalmente às mulheres.

Algumas, entretanto, ficam tão envolvidas com a busca espiritual que ignoram a parte material da vida, perturbando a harmonia familiar. Existem outras que enfatizam sua qualidade *tamas* permanecendo muito dentro de casa e dormindo excessivamente. Isso pode levar à obesidade, depressão e outros distúrbios. Quem não trabalha fora de casa deve prestar mais atenção a esse ponto. As mulheres possuem menos *rajas* do que os homens e não devem tentar suprimir essa qualidade. Elas precisam cultivar tanto a atividade do corpo quanto a da mente.

Algumas mulheres sentem-se infelizes como donas-de-casa e decidem assumir uma carreira e dar início a uma vida profissional. Se isso for realizado de modo repentino, a mudança poderá ocasionar um excesso de *rajas*, e teremos os mesmos resultados descritos para os homens no sutra anterior. Todos os esforços devem ser feitos para manter as três qualidades fundamentais em equilíbrio. Reações extremas devem ser evitadas. As mulheres precisam agir positivamente mais do que apenas reagir.

11. A livre expressão e a compreensão das qualidades um do outro são essenciais para a realização sexual e o companheirismo entre mulher e homem.

Somente com compreensão, paciência e generosidade mútuas, homens e mulheres conseguirão vivenciar uma existência harmoniosa. Por exemplo, a mulher não deve ser agressiva demais, mas deixar o homem expressar sua qualidade rajásica participando de eventos que envolvam ação e movimento. Se a expressão de *rajas* for excessiva, ela deverá manter o controle de maneira sutil, envolvendo-o em práticas que promovam a estabilidade para a mente. O homem, por outro lado, deve compreender o desejo da mulher de ter um lar e uma família, embora a encoraje a não suprimir seu *rajas*. Deve envolvê-la em atividades exteriores. Se o *rajas* for suprimido da mulher, o *tamas* aumenta, o que conduz a angústia, depressão e ocasionais surtos de raiva. Ele deve também compreender sua gentil qualidade da maternidade e não se zangar por ela ser indulgente com os filhos.

Aqui termina a Parte II de
Kama Sutra para mulheres, **que descreve**
os princípios masculinos e femininos e as qualidades
fundamentais que os formam.

Parte III
Menstruação e Sexualidade
तीसरा भाग
आर्तव का काम से सम्बन्ध

O bronze se limpa com ácido,
o rio se limpa por força do seu próprio fluxo,
e uma mulher é purificada com a menstruação.

Chanakya

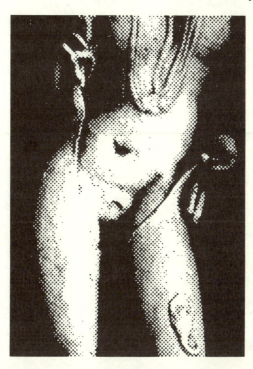

1. **Uma mulher deve entender o processo exato e a causa da menstruação para se compreender melhor e controlar a própria vida.**

A maturidade sexual da mulher, geralmente atingida entre 12 e 14 anos, é marcada pela liberação de sangue por um período de três a cinco dias a cada mês. Os ovários estão localizados na parte inferior do abdome e medem aproximadamente de 2,5 a 5cm de comprimento, cerca de 1,5 a 3cm de largura e 0,6 a 1,5cm de espessura, e é neles que se formam os óvulos. Para que os óvulos cheguem ao útero, os ovidutos, ou trompas de Falópio, constituem um ambiente apropriado à sua fertilização.

O útero é um órgão em forma de pêra com uma cavidade interior e uma grossa parede muscular. Na condição de não-gravidez, ele mede cerca de 5cm de comprimento, 2,5cm de largura e 2cm de espessura. Em uma mulher sexualmente madura, a cada mês um óvulo é liberado de um dos seus ovários e desce para o útero em uma das trompas de Falópio. A cavidade do útero fornece abrigo para o ovo fertilizado, que se transplanta para a sua parede e começa a se desenvolver em um embrião. A Figura 2 mostra um diagrama esquemático dos órgãos reprodutores femininos.

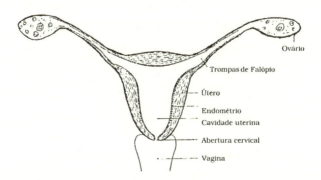

O revestimento interior da parede do útero (que forma a face da cavidade uterina) é chamado de endométrio, que se prepara a cada mês para um ovo fertilizado. Suas células se multiplicam e criam uma camada protetora que, na ausência da fertilização, é descartada no final de um ciclo de quatro semanas. Essas mudanças cíclicas no endométrio são controladas pelos hormônios estrogênio e progesterona, que são liberados em partes diferentes do corpo. As mudanças podem ser divididas em duas fases. Após a menstruação, entre o quinto e o 14º dia, tem início uma fase proliferativa sob a influência do estrogênio, levando o endométrio a crescer cerca de 1 a 5mm. Entre o 15º e o 28º dia, surge a fase secretora, assim chamada em virtude da formação e da secreção do glicogênio, o armazém celular de açúcar. Essa fase é precedida pela síntese do estrogênio e da progesterona, durante a qual o endométrio cresce para 3 a 8mm. Todo o processo faz parte da preparação necessária ao transplante do ovo fertilizado.

Mais próximo do final da fase secretora, um acúmulo de líquido celular extra e uma quantidade maior de muco fazem com que as células do endométrio tornem-se progressivamente mais frouxas. As células hiper-hidratadas retêm muita água durante o último estágio, enquanto uma constrição das artérias reduz o fluxo sanguíneo, conduzindo à degeneração de parte da parede do útero. As artérias contraídas se rompem, ocorre uma hemorragia e parte da camada do endométrio é expulsa. Da camada basal remanescente ocorre novamente a regeneração durante o próximo ciclo.

Essa é uma descrição resumida do processo e da causa da menstruação. É importante compreender que as mudanças que ocorrem no endométrio não são a única conseqüência da produção hormonal. A liberação dessas substâncias afeta os processos corporais como um todo.

2. Uma mulher é submetida a mudanças mentais e físicas durante o período do ciclo, e deve se esforçar para manter o equilíbrio e a harmonia.

Os vários períodos do ciclo menstrual são dominados principalmente por três diferentes energias corporais, ou *forças vitais*, sendo importante compreendê-las para manter o equilíbrio. Antes de prosseguirmos, é necessário fazer outra introdução à teoria dos cinco elementos que constituem essas três energias principais, que desempenham todas as funções mentais e físicas do indivíduo.

Segundo os princípios ayurvédicos da saúde, tudo o que existe, incluindo o corpo humano, é constituído de cinco elementos fundamentais – éter, ar, fogo, água e terra. Estes, por sua vez, formam as três energias principais do corpo, chamadas de *doshas*, em sânscrito. Os três doshas são *vata*, *pitta* e *kapha*. Nos seres humanos, *sattva*, *rajas* e *tamas* são as *qualidades* da mente, enquanto essas forças vitais ocorrem no nível físico. Seu equilíbrio é essencial para manter o corpo com boa saúde, vitalidade e resistência a doenças.

Como tudo no universo tem a vitalidade dos cinco elementos, as forças vitais são constantemente afetadas. Para o bem-estar e a harmonia, a mulher deve viver de acordo com a própria constituição, tempo e lugar. A saúde deve ser prioridade, pois sem ela não são possíveis nem os prazeres do mundo nem a experiência espiritual que conduz à liberação.

AS TRÊS FORÇAS VITAIS

Vata é constituída dos elementos éter e ar, sendo responsável por todos os movimentos do corpo e as atividades da mente – circulação do sangue, respiração, excreção, fala, sensação, tato, audição, necessidades naturais, formação do feto, ato sexual, retenção e sentimentos como medo, ansiedade, mágoa e entusiasmo. Um excesso de *rajas*, especialmente entre os homens, pode prejudicar *vata*, impedindo as funções corporais e fazendo surgir doenças como hipertensão, nervosismo e distúrbios do sono.

Pitta vem do fogo, sendo responsável por processos como visão, digestão, fome, sede, regulação do calor, suavidade e brilho, alegria, intelecto e vigor sexual.

Kapha vem dos elementos terra e água e constitui toda a estrutura sólida do corpo. Controla gordura, união, firmeza, peso, potência sexual, força, resistência e restrição.

As três energias se alternam constantemente no universo sempre em mutação. São interdependentes e inter-relacionadas. O desequilíbrio de uma energia afeta as outras e, se o problema não for corrigido, o corpo entra em desarmonia e torna-se suscetível a doenças. Por exemplo, um excesso de *vata* seca *kapha* no corpo. *Vata* vem do éter e do ar e, como esses dois elementos, é móvel e penetrante. Um dos elementos constituintes de *kapha* é a água. O vento sempre seca a água. Uma pessoa com desequilíbrio de *vata* com freqüência apresentará pele e garganta secas, porque o excesso de *vata* dificulta as funções excretoras das células, que é o domínio de *kapha*.

Por outro lado, o excesso de *kapha* dificulta o fluxo livre de *vata*, e, portanto, impede a distribuição da energia em diferentes partes do corpo. *Pitta* em demasia produz mais calor latente no corpo e diminui *kapha*. Muito *kapha* reprime o fogo corpóreo (*pitta*) porque a água e a terra podem apagar o fogo. Da mesma forma, o acúmulo de *vata* provoca uma distribuição desigual de *pitta* e altera essa energia.

É fácil compreender o conceito das três forças vitais em relação às funções dos cinco elementos no universo. O vento é uma força doadora de vida, e não podemos sobreviver sem ele. Mas ventos muitos fortes causam catástrofes, arrancam árvores, destroem prédios, rompem os cabos de energia e interrompem todas as atividades da vida. O fogo, que nos dá calor e é utilizado para cozinhar os alimentos, é letal em caso de incêndio. Um rio que doa vida causa grandes prejuízos quando inunda aldeias e campos durante uma enchente. Um terremoto produz enorme devastação em menos de um minuto. As três forças vitais do nosso corpo são formadas por esses cinco elementos, e eles potencializam a vida quando estão em equilíbrio. Entretanto, quando perdem esse equilíbrio, causam desastres no corpo, conhecidos como distúrbios inatos. Alguns exemplos dessa categoria são: hipertensão, diabetes, vários problemas digestivos, hemorróidas, colite e problemas relacionados ao sono. O desequilíbrio dos humores também diminui *ojas* (resposta imunológica e vitalidade) do corpo, aumentando a propensão a doenças.

No contexto da sexualidade, as três forças vitais desempenham papéis diferentes que auxiliam a coordenar as várias funções sexuais. Se estas não estiverem em equilíbrio, não será possível obter uma experiência sexual plena. *Vata* é responsável pela capacidade sexual. Não é possível prolongar a atividade sexual se essa energia estiver corrompida. *Pitta* é responsável pelo vigor sexual. Seu desequilíbrio causa falta de intensidade da experiência sexual e da energia sexual. *Kapha* é responsável pelas excreções sexuais, e sua ausência pode diminuir o prazer sexual, causando infertilidade.

PRAKRITI OU A CONSTITUIÇÃO FUNDAMENTAL

A *prakriti* de um indivíduo decorre do predomínio de um ou mais *doshas*, originando as características referentes a essas forças vitais. Por exemplo, os indivíduos de *prakriti pitta* são sensíveis ao calor, suam muito e comem e bebem bastante. Os de *prakriti vata* são ágeis e rápidos em seus movimentos. Quem possui *prakriti kapha* é lento e estável em seus movimentos e mais tolerante do que os dois anteriores. No *prakriti* misto, a pessoa pode vivenciar atributos distintos em momentos e situações diferentes.

Existem sete tipos de *prakriti*:

1. VATA
2. PITTA
3. KAPHA
4. VATA-PITTA
5. PITTA-KAPHA
6. VATA-KAPHA
7. SAMADOSHA (todos os doshas em proporções iguais)

Tanto a diferença nas proporções das três energias ou *doshas* como sua intensidade são fatores determinantes do *prakriti*. Por exemplo, uma pessoa pode ter *vata* dominante em vários graus. Existem alguns indivíduos com muita energia, tremenda resistência e vitalidade, ótimo sistema imunológico e mente brilhante. Existem outros que se encaixam na categoria mediana e há, ainda, aqueles que são saudáveis mas apresentam energia, resistência e capacidade mental baixas.

Imagine a presença das três energias em indivíduos diferentes em uma escala de 1 a 10. Para cada *dosha* há quase cem possibilidades diferentes de gradação; ao multiplicarmos pelas sete formas de *prakriti*, obteremos o número dos tipos humanos. Além disso, se considerarmos também o grau de domínio e, no *prakriti* misto, a proporção dos *doshas*, terminaremos com várias modalidades de *prakriti*.

MÉTODOS PARA DETERMINAR O SEU *PRAKRITI*

Aprender a determinar sua constituição com o auxílio de tabelas das três forças vitais dadas a seguir representa ferramenta essencial para manter o equilíbrio interno. Observe-se cuidadosamente e faça uma lista das características dominantes que você possui. (Se a informação passada aqui não for suficiente, consulte outros trabalhos de minha autoria sobre o assunto, nos quais exponho mais métodos diagnósticos.) Após ter determinado sua constituição básica, adote todas as medidas necessárias para impedir um aumento ainda maior da sua força vital dominante, para manter o equilíbrio, e alimente-se de acordo com local, época e sua necessidade individual (Figura 3 e Tabelas 2-6). Não é necessário adotar ou rejeitar globalmente os alimentos descritos como saudáveis ou prejudiciais. Algo que pode ser muito bom para uma pessoa pode prejudicar você em virtude de sua constituição ser diferente. Por exemplo, o alho é muito bom para a saúde em geral e ajuda a aumentar a imunidade, mas, se você é uma pessoa com *pitta* dominante, deverá ingeri-lo em quantidades moderadas. Se o seu *pitta* estiver alterado, não coma alho até ter restaurado a normalidade.

Compreenda, por favor, que a alteração de uma força vital não é simplesmente o excesso. Ela pode ser causada pelo acúmulo de um tipo de energia em determinado local, provocando obviamente um "excesso". Também, uma das forças vitais pode estar mal colocada. Por exemplo, uma das funções de *kapha* é a formação de novas células, para substituir as antigas, incluindo células excretoras. Esse processo, quando situado em um local indesejado, é um processo patológico, também sendo chamado de "alteração" de *kapha*.

Pitta é responsável pela digestão e assimilação dos vários sucos digestivos que agem sobre os alimentos. Entretanto, a secreção dessas substâncias sem a presença de um alimento a ser digerido também é um processo patológico.

Tabela 2. Origem, funções e características de *vata*.

Vata é leve, sutil, móvel, seco, frio, áspero e penetrante como os elementos fundamentais (Ar e Éter) dos quais é formado.

Vata é responsável pelos movimentos do corpo e pelas atividades da mente: circulação do sangue, respiração, excreção, fala, sensação, tato, audição, sentimentos como medo, mágoa, ansiedade, entusiasmo etc., urgências naturais, formação do feto e ato sexual e sua duração.

Características de pessoas com predomínio de *vata*	Fatores que aumentam *vata*	Sinais de *vata vikriti*	Tratamento de *vata vikriti*
• Agilidade;	• Jejum;	• Rigidez e dor no corpo;	• Alimentos de *rasas* principalmente doce e amargo;
• Rapidez e liberdade de movimentos;	• Exercício físico excessivo;	• Sensação de secura e sabor ruim na boca;	• Medidas terapêuticas quentes;
• Ação imediata;	• Exposição ao frio;	• Falta de apetite;	• Enemas;
• Sagacidade em situações de medo e outras emoções;	• Preguiça;	• Dor de estômago;	• Massagens;
• Irritabilidade;	• Permanecer acordado até tarde;	• Pele seca;	• Unção do corpo com óleo;
• Intolerância ao frio;	• Tempo ventoso;	• Fezes de cor escura;	• Repouso, relaxamento e sono adequados;
• Cabelos e unhas ásperos;	• Entardecer e última parte da noite;	• Insônia;	• Atmosfera pacífica;
• Vasos sangüíneos proeminentes.	• Alimentos muito maduros ou passados;	• Dor na região temporal;	• Estado mental alegre;
	• Ferimentos;	• Tontura;	• Tratamento com dieta e remédios.
	• Perda de sangue;	• Tremores;	
	• Relações sexuais em excesso;	• Bocejos;	
	• Postura desequilibrada;	• Soluços;	
	• Supressão de necessidades naturais;	• Mal-estar;	
	• Ansiedade;	• Delírio;	
	• Culpa.	• Aspecto melancólico;	
		• Comportamento retraído e tímido.	

Menstruação e Sexualidade

Tabela 3. Origem, funções e características de *pitta*.

Pitta é quente como o elemento básico do qual é constituído. Suas características são acidez, acre, azedo e picante, e ele tem odor intenso.

Pitta é responsável por visão, digestão, fome, sede, regulação do calor, suavidade e brilho, alegria, intelecto e vigor sexual.

Características de pessoas com predomínio de *pitta*	Fatores que aumentam *pitta*	Sinais de *pitta vikriti*	Tratamento de *pitta vikriti*
• Intolerância ao calor;	• Alimentos ácidos, alcalinos e salgados;	• Transpiração excessiva;	• Alimentos de *rasas* principalmente doces, amargos e adstringentes.
• Face e corpo quentes;	• Qualquer alimento ou bebida que provoque sensação de queimação;	• Odor corporal;	• Medidas terapêuticas frias;
• Tendência a manchas, sardas e espinhas;	• Banho de sol;	• Fome e sede anormais;	• Unção com produtos refrescantes;
• Aparência lustrosa;	• Meio-dia;	• Inflamação;	• Purgação;
• Muita fome e sede;	• Outono;	• Rachaduras e espessamento da pele;	• Jejum;
• Surgimento precoce de rugas;	• Processo de digestão;	• Erupções na pele;	• Banhos frios e massagem com óleos refrescantes;
• Queda de cabelo e aparecimento de fios brancos;	• Juventude;	• Acne;	• Conforto;
• Odor corporal;	• Fome.	• Herpes;	• Tratamento com dieta e medicamentos.
• Baixa tolerância e falta de resistência em geral.		• Calor corporal excessivo.	

Tabela 4. Origem, funções e características de *kapha*.

Kapha é derivado dos elementos fundamentais terra e água e, como esses elementos, é macio, sólido, vagaroso, doce, pesado, frio, viscoso, oleoso e imóvel.

Características de pessoas com predomínio de *kapha*	Fatores que aumentam *kapha*	Sinais de kapha *vikriti*	Tratamento de *kapha vikriti*
• Melancolia refletida em atividades, dieta e fala;	• Alimentos doces e salgados;	• Torpor;	• Alimentos de *rasas* principalmente picante, amargo e adstringente;
• Demora em tomar iniciativa;	• Nutrientes oleosos, gordurosos e pesados;	• Sono excessivo;	• Medidas terapêuticas quentes e pesadas;
• Vida desordenada;	• Estilo de vida sedentário;	• Gosto adocicado na boca;	• Massagem com pressão;
• Movimentos estáveis;	• Falta de exercícios;	• Salivação excessiva;	• Calor úmido;
• Ligamentos bem unidos e fortes;	• Devaneios;	• Peso no corpo;	• *Vamana*, ou vômito voluntário;
• Pouca fome, sede ou transpiração;	• Infância;	• Sensação de frio;	• Aumento de atividades físicas;
• Olhos, face e aparência claros.	• Primavera;	• Náusea;	• Exercício regular;
	• Manhã;	• Sensação de coceira na garganta;	• Redução de sono;
	• Primeira parte da noite.	• Brancura na urina, olhos e fezes;	• Tratamento com dieta e medicamentos.
		• Órgãos do corpo deformados;	
		• Cansaço;	
		• Prostração;	
		• Inatividade e depressão.	

Menstruação e Sexualidade

Figura 3. Horas do dia e sua energia predominante.

Tabela 5. Relação entre a parte do dia, a época da vida e o clima e a constituição humana ou *prakriti*.

DOSHA	PARTE DO DIA	ÉPOCA DA VIDA	CLIMA
KAPHA	Manhã	Infância	Frio
			Umidade alta
	Entardecer		
PITTA	Meio-dia	Juventude	Calor
			Umidade baixa
	Meia-noite		
VATA	Tarde	Meia-idade e velhice	Frio
			Umidade baixa
	Noite		Ventos

Nota: O clima quente e úmido é promotor de pitta-kapha.

Tabela 6. *Doshas* em relação ao local.

LOCAL	ENERGIA DOMINANTE (*DOSHA*)
Floresta	*Vata*
Deserto	*Vata-pitta*
Montanhas	*Vata-kapha*
Áreas costeiras	*Pitta-kapha*
Interior	Nenhum

Diferentes Fases da Energia Vital no Ciclo Menstrual

O ciclo menstrual exerce forte influência na vida da mulher. As diferentes fases de um ciclo durante o curso de um mês provocam alterações em seu corpo e em sua mente, que também afetam suas ações e reações. Para manter a boa saúde e a expressão sexual ideal, a mulher deve aprender a viver em harmonia com as mudanças. As duas fases principais foram descritas na explicação do primeiro sutra neste capítulo. O final da fase excretora é marcado por algumas mudanças degenerativas, e é diferente da sua parte anterior. Portanto, podemos dividir o ciclo menstrual em três grandes categorias.

Se utilizarmos o vocabulário ayurvédico, diremos que o período pós-menstrual é ligeiramente dominado por *vata*. A mulher se sente livre e leve, e está emocional e fisicamente mais expressiva e ativa. Com o passar da segunda semana, *pitta* começa a ficar mais forte. No final de 15 dias, a mulher, sob a influência de *pitta,* sente mais energia e vigor. Durante a terceira semana, *pitta* diminui lentamente e *kapha* começa a aumentar. *Kapha* domina durante a última semana ou os dias antes da menstruação, o que pode levar a um excesso de sono e depressão. No período imediatamente anterior à menstruação, as três energias estão alteradas em vários graus, e a mulher sofre de desconforto e pequenos distúrbios. Ela fica aliviada de todos eles após a eliminação da menstruação.

As tabelas e figuras anteriores que descrevem os conceitos ayurvédicos constam dos seguintes livros de minha autoria: *Ayurveda: A medicina in-*

diana que promove a saúde integral e *Ayurveda for Inner Harmony: Nutrition, Sexual Energy and Healing.*

Vamos repetir com palavras diferentes o modo como as mudanças cíclicas da mulher são entendidas do ponto de vista ayurvédico. Lembre que *vata*, dos elementos éter e ar, é leve, sutil, móvel, frio, áspero e permeante. Após a camada do endométrio ter sido liberada, tem início o período dominado por *vata*. A mulher se sente mais leve, não somente porque as células do endométrio foram descartadas, mas também porque o processo afeta todo o seu corpo e mente.

Como qualquer outra mudança cíclica na natureza, o processo começa, se expande, atinge o ápice e termina. Tudo tem início novamente com a chegada de um novo ciclo. A mulher se sente aliviada, mais leve, mais ativa e disposta. Durante esse estágio, ela é capaz de prolongar o ato sexual por mais tempo do que no final do período menstrual.

Durante a segunda semana, *pitta* começa a aumentar. A liberação e o transporte dos hormônios são funções de *pitta*. Como visto, *pitta* é derivado do fogo, e também é responsável pelo vigor sexual. Teoricamente, esse período é sexualmente mais realizador para a mulher. Entretanto, tudo depende da constituição individual de uma pessoa e do equilíbrio dos humores em seu interior.

Durante a terceira semana, o domínio de *pitta* diminui lentamente e *kapha* aumenta, em virtude do intenso processo de regeneração e secreção do endométrio. Como você deve se lembrar, a formação da estrutura sólida do corpo é função de *kapha*. Durante a última semana do ciclo, *kapha* domina e o endométrio fica hiper-hidratado.

Kapha é formado dos elementos básicos terra e água. O período antes da menstruação é marcado também por uma retenção geral de água no corpo. O excesso de *kapha* provoca pensamento pessimista, depressão e muito sono. A mulher pode se sentir sexualmente menos ativa durante esse período e apresentar desejo e vigor sexual diminuídos.

O período imediatamente anterior e durante a menstruação é geralmente uma fase alterada. Todas as três energias vitais estão em estado de desequilíbrio por causa da degeneração das células do endométrio e da contração e ruptura das artérias, seguida de hemorragia. O excesso de *kapha* também pode prejudicar *vata* em certos casos, dificultando sua passagem, o que pode deixar a pele seca e causar dores no corpo, constipação, nervosismo, alterações no sono ou algum outro distúrbio relacionado a *vata*.

A perda de sangue na menstruação pode causar fraqueza e fadiga e alterar ainda mais as três energias. Por causa do excesso de *kapha, pitta* pode ficar suprimido (água e terra podem apagar o fogo), e as mulheres podem apresentar perda de apetite. Em virtude da alteração das forças vitais do corpo durante esse período, o *ojas* (imunidade e vitalidade) do corpo fica diminuído e as mulheres podem ficar vulneráveis a várias infecções. Se observar com cuidado seu próprio caso, você constatará o quanto fica sensível e com que freqüência ficou predisposta a enfermidades menores nesse estágio. Além dos ataques externos, também podem aparecer doenças crônicas do corpo nessa fase.

Vemos então que as forças vitais estão em mudança constante na mulher durante o mês. Além disso, devemos considerar a constituição individual. O humor dominante de cada mulher afetará as mudanças cíclicas, e ela deverá dedicar atenção especial a essas transformações. Assim, a mulher deverá levar em consideração a maneira como sua constituição em particular afeta seu ciclo menstrual. Por exemplo, se você é uma pessoa com predomínio de *vata,* poderá apresentar alguma alteração do humor durante a fase *vata* do ciclo. Portanto, deverá evitar cuidadosamente tudo que aumenta *vata*. Da mesma maneira, a mulher com predomínio de *kapha* poderá vomitar ou se sentir deprimida durante a fase pré-menstrual, e o predomínio de *pitta* pode causar problemas de digestão ligados ao fígado e ao estômago durante a segunda ou a terceira semana do ciclo.

Tente evitar esses problemas seguindo uma dieta saudável e usando os medicamentos apropriados. Todos nós – mulheres, homens e crianças – deveríamos tentar, da melhor maneira possível, alcançar o equilíbrio dos humores, vivendo e se alimentando de acordo com a época, o local e nossas constituições, e as mulheres em particular precisam dar atenção especial a esse ponto durante suas mudanças cíclicas.

A retenção de líquido é um problema para várias mulheres. O excesso de sal, os alimentos fritos e todos os que provocam sede deveriam ser evitados na fase pré-menstrual ou até duas semanas antes do ciclo, dependen-

Menstruação e Sexualidade

do da gravidade do problema. A melhor dieta para essa época seria predominantemente composta de frutas, vegetais e sucos. Em outras palavras, uma refeição com sopa, salada e frutas seria muito melhor do que um bife de carne bovina ou suína com batatas fritas e bolo. Beba também muita água e suco durante esse período.

Para manter o equilíbrio durante essas mudanças cíclicas é essencial certificar-se da liberação oportuna dos hormônios na quantidade correta. O ioga para revitalizar os órgãos internos é altamente recomendável. A falta de exercício adequado pode conduzir a problemas afins. O útero é o local da liberação do sangue menstrual, e as mulheres devem adotar medidas para rejuvenescê-lo, particularmente antes da concepção, após o parto e antes da menopausa. O tratamento de rejuvenescimento deve ser acompanhado de exercícios revitalizantes. Os produtos para o rejuvenescimento estão descritos na Parte X, após o Sutra 3.

3. O desejo, a expressão e o vigor sexual variam durante as épocas diferentes de um ciclo menstrual por causa das mudanças nas forças vitais do corpo.

Vejamos como a mudança na energia do corpo durante o curso do ciclo menstrual afeta a sexualidade.

- **Após a menstruação,** a mulher torna-se mais ativa. Pode ter uma atividade sexual prolongada durante esse período. As mulheres que sofrem de sangramento excessivo ou de dor podem se sentir fracas imediatamente após a menstruação e precisar de outra semana para se recuperar, até que o desejo e a atividade sexual se refaçam.
- As mulheres geralmente têm sua melhor fase durante a **segunda semana** do seu ciclo, quando *pitta* também começa lentamente a aumentar. Esse período "reprodutivo" é chamado de *Ritu kala* nos textos ayurvédicos. Dependendo dos casos individuais e da idade, o período pode ser maior ou menor.
- Durante a **terceira semana,** quando *kapha* começa a aumentar, as secreções sexuais são abundantes, porém a atividade sexual pode diminuir

em certos casos. Contudo, esses fatores são variáveis, especialmente quando a mulher não é saudável e tem problemas ou irregularidades na secreção hormonal.

- Imediatamente **antes da menstruação** a mulher tem a sensação de peso e pode sofrer de constipação ou ter somente uma evacuação parcial. Ocorre uma alteração *vata-kapha* e ela se torna menos ativa, se cansa com mais facilidade e geralmente tem menos desejo sexual nessa fase. Entretanto, se forem adotadas precauções como evacuação adequada, exercícios e dieta de líquidos (sopas, mingaus, verduras cozidas etc.), a expressão e o desejo sexual podem ser aumentados durante esse período.

A descrição da capacidade, do vigor e do desejo sexual não implica rigidez no comportamento sexual durante esses períodos. A flexibilidade e a mudança são sempre possíveis, se ambos os parceiros se esforçarem.

4. As variações cíclicas devem ser bem compreendidas pelo parceiro da mulher e conduzidas com sensibilidade.

O homem que compreender a variação sexual da sua parceira poderá agir de acordo com a necessidade de determinada época. Primeiro, ele deve tentar moldar seu comportamento sexual às mudanças cíclicas dela; ela deve auxiliá-lo com paciência e indulgência. Segundo, ela deverá fazer todo o possível para manter suas forças vitais em equilíbrio para que seu desejo sexual não diminua completamente durante o período pré-menstrual. O homem que desejar a relação com sua companheira, no período de energia sexual diminuída, deve proceder com paciência, indulgência e cuidado. A energia sexual dormente dela pode ser evocada, porém requer mais esforço da parte do homem e tolerância da parte da mulher. Quando a mulher estiver relativamente inativa durante seu período pré-menstrual, o homem deverá abordá-la muito lentamente, com uma conversa terna ou uma massagem. Ele deve dar o melhor de si para fazê-la reagir, e não agir de modo abrupto ou repentino.

5. Alguns acham que o coito deveria ser evitado durante a menstruação: aconselha-se prudência individual.

Vários textos antigos aconselham evitar o coito durante a menstruação. Há sabedoria nesse conselho, pois a vagina da mulher fica sensível nessa fase por causa do fluxo constante de sangue. E também, como foi dito, a reação imunológica da mulher fica baixa.

Quanto à energia sexual, existe enorme variação individual. As mulheres que mantêm o desejo sexual durante a menstruação, em geral, são as que têm boa saúde, alta vitalidade, são expressivas, abertas e alegres, têm uma disposição agradável, uma constituição *pitta*, desfrutam das refeições com grande alegria sensual, são observadoras e inteligentes e têm curiosidade de saber, aprender e explorar coisas novas. Mas precisam ser cuidadosas durante o coito e não tentar posturas difíceis. Não devem ser vigorosas em seus movimentos, pois a vagina e a entrada do útero ficam frágeis nessa fase.

Durante o coito, o fluxo do sangue menstrual fica temporariamente contido e a vagina apresenta sua secreção normal. Se a mulher tem um desejo forte e aprecia a relação, as artérias relaxam novamente e o fluxo sanguíneo é restaurado. Mas, se ela não tem muito desejo nem a sensação de bem-estar, é bem possível que o fluxo de sangue menstrual fique obstruído após o ato. Isso exerce um efeito a longo prazo sobre a saúde da mulher.

As mulheres nunca devem se permitir uma relação contra o seu desejo, especialmente durante a menstruação. Nunca devem se forçar a participar de um ato sexual meramente pelo prazer do parceiro. Não devem ser mártires. Esse sacrifício, se feito com freqüência, poderá ter conseqüências sérias sobre sua saúde anos mais tarde.

CUIDADOS COM A VAGINA

A cavidade vaginal pode ser comparada à cavidade bucal, ou oral. Como esta, a cavidade vaginal precisa de limpeza constante para permanecer livre de infecções e não exalar odor desagradável. Está sujeita a infecções por fungos, bactérias ou de outros tipos se não for limpa regularmente ou se sua fauna interna natural ficar alterada em virtude da ingestão de antibióticos. Em condição saudável normal, a vagina abriga uma bactéria chamada *Doderline*, que mantém o meio vaginal ácido, convertendo o glicogênio (um tipo de açúcar secretado pelas células vaginais) em ácido láctico. O meio ácido é desfavorável ao crescimento de vários agentes patológicos e por isso mantém a vagina livre de infecções. Entretanto, se a *Doderline* morrer em conseqüência da ingestão de alguns antibióticos ou da aplicação de alguma outra droga na cavidade vaginal, o equilíbrio natural fica alterado. O ambiente morno e úmido da vagina fornece um ambiente excelente ao crescimento de várias bactérias patológicas, fungos e outros inimigos, o que propicia o surgimento de problemas como irritação, inflamação e feridas.

A seguir, temos alguns métodos simples para curar pequenas infecções vaginais. Porém, se a infecção persistir, consulte seu ginecologista sem demora.

1. O leite fresco e natural da vaca (sem tratamento)* pode ajudar a restabelecer a fauna natural da vagina. Auxilia também no combate aos pequenos ataques patológicos. O leite, diluído em proporção igual com água, deve ser usado como ducha para lavar bem a cavidade vaginal. Esse procedimento deve ser repetido três ou quatro vezes por dia até a infecção desaparecer. Se não houver leite fresco disponível, compre leite sem aditivos em uma loja de pro-

---

* Também conhecido como leite orgânico. (*N. da R. T.*)

dutos naturais. O iogurte com cultura viva também ajuda, mas o leite cru é mais eficaz.

2. Uma bola de algodão embebida em mel ou ghee (manteiga clarificada) deve ser colocada na cavidade vaginal e mantida por várias horas para curar pequenas irritações. O óleo de coco também pode ser utilizado de modo similar.

3. Alcaçuz em pó misturado com ghee ajuda a cicatrizar feridas causadas por parasitas. Misture quantidades iguais de alcaçuz (*Glycyrrhiza glabra*) e ghee. Duas colheres (chá) de cada produto serão suficientes para vários dias. Misture muito bem. Com o dedo, aplique a mistura nas paredes vaginais e em torno da cavidade vaginal. Continue aplicando várias vezes ao dia e especialmente antes de se deitar, até as feridas ficarem curadas.

4. Uma pasta fina feita de sementes de mostarda ou de agrião amassadas (ou em pó), adicionadas a uma quantidade igual de óleo de coco, pode auxiliar a combater infecções vaginais menores com uma aplicação direta nas paredes da vagina. Certifique-se de que a pasta seja refinada. Uma mistura feita com duas colheres (chá) de cada ingrediente lhe fornecerá quantidade suficiente para cerca de três a quatro dias. Aplique a pasta pelo menos duas vezes ao dia, até se livrar da infecção. Algumas pessoas podem apresentar reação alérgica às sementes do agrião.

6. A mulher deve libertar-se dos problemas menstruais e distúrbios decorrentes estudando-os cuidadosamente e tomando as medidas apropriadas.

Muitas mulheres sofrem de problemas menstruais. Algumas vezes não compreendem que eles estão ligados aos hormônios que influenciam o corpo inteiro. Se não houver cuidado para manter o equilíbrio do corpo e da mente por meio de exercícios apropriados, dieta e outras medidas, a mulher se tornará vulnerável a todos os distúrbios inatos que surgem da desarmonia interior do corpo.

Estude cuidadosamente as mudanças no seu corpo e relacione qualquer dos seus problemas menores às mudanças cíclicas e ao equilíbrio de *vata*, *pitta* e *kapha*. Você deve discutir todos os problemas menstruais com um bom médico. Poderá resolver também várias irregularidades menores por si mesma vivendo em harmonia com a época, o local e sua constituição. Lembre sempre que as mulheres devem prestar um pouco mais de atenção ao tempo cíclico do que os homens.

Quero enfatizar que as causas fundamentais dos problemas ligados à menstruação consistem em nutrição inadequada, alimentos ingeridos na época errada, falta de exercício adequado, desatenção a problemas como constipação e indigestão, sobrecarga de mais de dois terços do estômago durante as refeições, disposição mental agitada, ausência de repouso apropriado durante a menstruação e desconhecimento das próprias mudanças cíclicas.

Algumas das afirmativas anteriores devem ser esclarecidas. Por repouso apropriado não quero dizer que você tenha de ficar deitada na cama durante a menstruação. Você deve simplesmente reduzir seu ritmo nesses três ou quatro dias, ter um sono tranqüilo e evitar ficar acordada até tarde. Um modo agitado de vida e uma disposição nervosa exercem um efeito nocivo no seu ciclo menstrual e podem provocar dores de cabeça decorrentes dos hormônios. Muitas mulheres sofrem de enxaquecas, que muitas vezes estão ligadas à menstruação. Você deve aprender as práticas respiratórias e os exercícios de ioga para conseguir uma disposição tranqüila.

Em geral, mulheres que trabalham fora com total responsabilidade sobre os filhos se esforçam em excesso e sofrem de problemas menstruais. Não têm tempo para seguir as sugestões apresentadas. Entram em um círculo vicioso em que um problema origina outro, e sua vida sexual sofre. Atritos familiares resultantes podem terminar em divórcio. A mulher deve ter visão ampla o suficiente para não chegar a esse estado de exaustão e ser bastante firme para partilhar a responsabilidade inicial de todas as atividades domésticas com o parceiro.

Em condições não-patológicas, a extensão e a gravidade dos problemas menstruais mostram o estresse, o desequilíbrio e a tensão emocional que a mulher atravessa durante um mês em particular. Se a mulher trabalhou excessivamente, teve problemas emocionais, foi a muitas festas ou não seguiu refeições regulares e adequadas a uma boa nutrição, por exemplo, o efeito acumulado de todo esse desequilíbrio aparecerá durante a menstruação. Por outro lado, se a mulher fizer exercícios de ioga regularmente, levar uma vida tranqüila, seguir uma dieta adequada e dormir o suficiente, a menstruação também será menos problemática.

No final do ciclo menstrual e durante a menstruação, as forças vitais do corpo estão em desequilíbrio, porém depois o equilíbrio natural retorna. Muitos acreditam que a mulher vivencia uma sensação de bem-estar após a menstruação porque descarta o "sangue impuro". Na verdade, esse é um processo de limpeza bem mais complexo do que parece. Durante a menstruação, o equilíbrio do corpo é reobtido por meio de processos naturais de purificação, como liberação do ar, diarréia leve, problemas de estômago e/ou vômitos, odor forte no sangue menstrual ou no corpo, suor e urina excessivos, entre outros.

A extensão da fadiga e da exaustão depende da intensidade da limpeza – e o grau desta última depende do desequilíbrio acumulado no corpo. As mulheres devem, portanto, não tentar curar os sintomas, que representam o restabelecimento do equilíbrio, e prestar atenção à origem do problema. Por exemplo, se você é uma pessoa que sofre de diarréia leve ou de forte odor no sangue menstrual ou no corpo, certamente tem um desequilíbrio de *pitta*. A liberação do ar ocorre por conta do desequilíbrio de *vata* e o vômito decorre de um desequilíbrio de *kapha*. Você pode ter um ou mais desses sintomas. Ao curá-los, interferirá no processo natural de limpeza. E esses sintomas a auxiliariam a diagnosticar a si mesma. Faça tudo para manter o equilíbrio em níveis físico e mental durante o ciclo menstrual, dando atenção especial ao seu humor dominante ou alterado, e poderá constatar que a intensidade dos problemas menstruais diminuirá. Temos aqui algumas orientações gerais que a ajudarão em alguns dos problemas mencionados.

• Não sobrecarregue seu estômago além de dois terços de seu volume durante as refeições. Isso não tem relação com o número de calorias.

Você pode preencher demais seu estômago simplesmente com arroz e água. Quando ele fica muito cheio, não há espaço para as três energias (*vata, pitta* e *kapha*), que auxiliarão na digestão e na assimilação. Um estômago muito cheio as empurra para fora, causando desequilíbrio e provocando várias desordens no corpo. No caso da mulher que já sofre de pequenos problemas digestivos em decorrência das mudanças cíclicas, comer em excesso só agravará o problema. Portanto, preste atenção ao que você come, quanto come e quando come.

- Evite a constipação a todo custo, especialmente durante o período pré-menstrual. Certifique-se de ter pelo menos uma evacuação diária. As fezes não devem ser duras nem ressequidas. Se beber meio litro de água quente após levantar pela manhã, conseguirá curar o problema. Faça algum exercício ou ioga após ingeri-la quente. Isso assegurará uma evacuação adequada e manterá *vata* em equilíbrio. Um enema durante o período pré-menstrual é altamente recomendável para aquelas que têm uma menstruação dolorosa por causa da constipação. Contudo, não faça disso uma prática regular, porque enemas em excesso causam fraqueza. Tente curar a constipação mudando sua maneira de comer e bebendo água quente. A constipação pode também ser causada por algum estresse específico. Busque a causa do problema e tente descobrir as razões para si mesma. Não coma alimentos fritos, gordurosos e secos, especialmente nos dez dias antes da menstruação.

- **Preste atenção a menstruações atrasadas, deficientes ou excessivas, sangramento intermenstrual ou leucorréia.** Adote as medidas adequadas para manter as condições ideais (ver boxe).

As mulheres devem evitar os medicamentos alopáticos para aliviar a dor das cólicas menstruais, pois eles só fornecem alívio sintomático e não tratam do problema real. Além disso, nenhuma dessas drogas atua sem provocar efeitos colaterais. Elas podem lhe causar falta de apetite, acidez no estômago e aumento do sangue menstrual.

CURAS PARA A DOR MENSTRUAL

Medicamentos ayurvédicos

1. Para conseguir **alívio imediato** para as dores menstruais sem recorrer a drogas químicas aplique óleos ou bálsamos que aliviem a dor no abdome e beba um chá feito da seguinte maneira: deixe ferver por cinco minutos 200mL (uma xícara) de água junto com três cardamomos amassados, sete folhas de manjericão fresco (ou meia colher [chá] de folhas secas), uma colher (chá) de gengibre amassado e três grãos de pimenta. Beba quente ou adicione um pouco de chá preto e deixe em infusão ou ferva ligeiramente. Se quiser, acrescente leite,* porém certifique-se de adoçar com açúcar cristal, para equilibrar o gosto picante do gengibre e da pimenta.
2. A **terapia da amêndoa** para as dores menstruais vem das tradições folclóricas do noroeste da Índia. Coma de dez a 15 amêndoas a cada manhã após deixá-las mergulhadas em água durante a noite e removendo sua pele no dia seguinte. É importante usar amêndoas cruas com pele e embebê-las em água para obter seu valor medicinal. Ingira-as antes do café-da-manhã, mastigando-as bem.
3. Outra cura comum para as dores menstruais é tomar meia colher (chá) – 3g – de sementes de **kalongi** (*Nigella sativa*) duas vezes ao dia durante a menstruação. No caso de dor excessiva, beba essa quantidade três ou quatro dias antes da menstruação. Amasse as sementes até virarem pó e engula com um copo de água quente. O *kalongi* é uma especiaria indiana que podemos encontrar em lojas de produtos indianos. As sementes são pequenas e escuras, arredondadas de um lado e cônicas do outro. Lembram as sementes de cebola – não confunda!

---

* O leite é um alimento que pode provocar alergias e distúrbios digestivos, portanto, recomenda-se a observação individual de possíveis sintomas. (*N.da R. T.*)

4. Meia colher (chá) de sementes de **agrião-de-jardim** (*Lepidium sativum*) amassadas e tomadas diariamente com um copo de água quente por três a quatro dias antes e durante a menstruação ajuda a aliviar a tensão e a dor menstrual e cura também distúrbios digestivos relacionados. O agrião promove *pitta*, portanto as pessoas que têm essa energia dominante devem ter o cuidado de acompanhar esse tratamento com uma dieta redutora de *pitta*. Arroz, ghee, leite frio e banana são sugestões para isso.
6. **Sementes** ou **óleo de endro** funcionam de modo semelhante ao agrião. Se usar as sementes, simplesmente substitua-as pelo agrião na receita anterior. Se utilizar o óleo essencial de endro, pingue de uma a três gotas e dilua em uma pequena quantidade de água. Sempre que usar óleos essenciais, seja bem cautelosa, porque eles são muito fortes.
7. A **noz-moscada** também é usada para curar as dores menstruais e a menstruação atrasada. A dose diária é de meio grama de noz-moscada em pó (cerca de um quarto de uma noz de tamanho médio) ou uma ou duas gotas de óleo essencial. (Ver o conselho no item 6, relativo aos óleos essenciais.) Ingira o pó ou o óleo como descrito nas instruções para o endro. Cuidado com a dose e não dirija após ingerir noz-moscada.

Cuidado com os ingredientes

As nozes devem ser compradas cruas e sem submissão a qualquer tratamento, e as amêndoas devem vir com a pele. Cuidado ao comprar as ervas e especiarias: verifique se não estão passadas. Não as compre sob a forma de pó. Elas perdem seu valor com o tempo e muito mais rapidamente quando reduzidas a pó. Você pode moê-las com facilidade com um moedor mantido exclusivamente para essa finalidade, a menos que seja especificado o uso de um moedor manual. Antes de moer, certifique-se de que as ervas e as especiarias estão limpas (livres de pedras etc.) e coloque-as por poucos minutos ao sol ou em forno pouco aquecido. Para obter mais detalhes sobre as propriedades farmacêuticas de vários desses ingredientes ou detalhes ligados aos preparados em geral, você poderá consultar o livro Ayurveda: a medicina indiana que promove a saúde integral, de minha autoria.

Medicamentos homeopáticos

Temos a seguir alguns medicamentos homeopáticos. Em cada caso, a dosagem consiste em 5 a 6 pílulas ou tabletes ou 1 a 2 gotas se o preparado for líquido.

1. **Camomila** é útil se você tem menstruação adiantada e profusa, sangue escuro e dor no final das costas e no abdome. Dose: *Chamomilla* 6X, três vezes ao dia.
2. **Cofea** ajuda no caso de excitação excessiva, nervosismo, corpo frio ou pressão no abdome. Dose: *Coffea* 30X, duas vezes ao dia.
3. **Pulsatila** pode ajudar nos casos de espasmos abdominais acompanhados de uma descarga de coágulos escuros ou sangue claro. A dor pode mudar de um lugar para outro e, quanto mais forte ela for, mais fortes serão os calafrios. Dose: *Pulsatilla* 6X, três vezes ao dia.
4. **Nux-vomica** pode ser tomada quando a dor abdominal for acompanhada de um desejo constante de evacuar e uma sensação generalizada de insatisfação.
5. **Platina** ajuda se houver leucorréia antes e/ou após a menstruação com sangramento profuso (mais sobre a leucorréia consultar o boxe relacionado ao Sutra 7). Dose: *Platina* 6X, três vezes ao dia.
6. **Súlfur** é o remédio quando você tem dor de cabeça antes da menstruação e cólica, ou dor abdominal penetrante mais tarde durante a menstruação. Dose: *Sulphur* 30X, duas vezes ao dia.

Favor notar que o "X" que acompanha o número após o nome do medicamento indica a dinamização da substância; quando você compra um remédio homeopático, o farmacêutico precisa que a dinamização esteja indicada; não está relacionado à freqüência da ingestão.

7. Anote imediatamente qualquer alteração no padrão menstrual e busque o conselho de um bom médico.

Qualquer infecção vaginal, sangramento excessivo ou por período prolongado, excesso de secreção mucosa ou sangramento intermenstrual, dor persistente na região lombar e outros sintomas não devem ser ignorados. O tratamento apropriado deve ser seguido sob orientação de um bom médico. *Bom médico* significa, aqui, aquele que não vai tratar do seu corpo como se ele fosse uma máquina. Ele deve examinar seus hábitos alimentares, estado mental, condições familiares e de trabalho e outros fatores sociais direta ou indiretamente relacionados ao seu problema. O médico deve ser educado, gentil, preocupado e generoso com seu tempo de consulta. Se e quando um médico diagnosticar um problema sério ou sugerir uma intervenção cirúrgica, a mulher deverá consultar pelo menos mais dois especialistas antes de tomar qualquer decisão final.

Se os problemas menores forem ignorados, eles se tornarão maiores com o passar do tempo e poderão causar degeneração irreversível. Portanto, é sempre importante tomar uma providência oportuna. Mulheres em todo o mundo sofrem de um fator comum importante – elas são tão ocupadas tomando conta da família e administrando tudo, o tempo inteiro, que ignoram a si mesmas. Não se coloque em último lugar na lista das prioridades. Não se esqueça de que você é o núcleo da família. Não desorganize sua família ignorando a si mesma; se permanecer saudável, continuará a manter tudo organizado. Não quero dizer, com isso, que deve ser indulgente em excesso consigo mesma, mas que dedique um tempo exclusivo para si e para seu bem-estar.

MEDICAMENTOS PARA IRREGULARIDADES NO PADRÃO MENSTRUAL

Menstruação atrasada ou escassa

Medicamentos ayurvédicos

1. Para regular o ciclo menstrual tome um quarto de sementes amassadas de endro ou de agrião diariamente por uma semana antes da data prevista da menstruação.
2. Beba uma colher (chá) de sementes de gergelim diariamente. Inicie cerca de dez dias antes da provável data de início da menstruação.
3. Dois ou três dias antes da data aguardada, tome uma poção feita com três colheres (sopa) de pétalas de rosa e uma colher (chá) de sementes de funcho, fervidas em 300mL (uma xícara e meia) de água, até reduzir pela metade.
4. Beba uma pitada ou 200mg (um quinto de um grama) de açafrão dissolvido em leite quente e adoçado (ajuste a quantidade de leite e adoce a gosto) todos os dias por um mês ou até o problema estar resolvido. Se você não gosta de leite, dissolva o açafrão mergulhando-o em cerca de duas colheres (chá) de ghee bem quente e beba após ter esfriado um pouco.
5. O problema da menstruação atrasada ou escassa também pode ser resolvido aumentando o uso de substâncias que promovam *pitta* na dieta. Alguns exemplos dessas substâncias são: alho, cardamomo grande (não confundir com o cardamomo comum, que é de tamanho menor), canela, noz-moscada, cominho, sementes de endro e agrião-de-jardim.

Medicamentos homeopáticos

Em cada caso, a dosagem consiste em 5 a 6 pílulas ou tabletes ou 1 a 2 gotas, se o preparado for líquido.

1. **Acônito** é especialmente útil se o atraso resultar do clima seco e frio. Dose: *Aconitum* 6X, quatro vezes ao dia.
2. **Dulcamara** ajuda se o atraso for em virtude do clima úmido e frio. Dose: *Dulcamara* 30X, três vezes ao dia.
3. **Eufrásia** é recomendada quando o fluxo sanguíneo é bem escasso. Dose: *Euphrasia* 6X, três vezes ao dia.
4. **Kali carbonicum** regula a menstruação se ela estiver adiantada ou atrasada, muito profusa ou escassa. Dose: *Kali carbonicum* 30X, três vezes ao dia.

Menstruação excessiva

Medicamentos ayurvédicos

1. Beba meia colher (chá) de sementes amassadas de rabanete com um copo de água todos os dias, por um mês.
2. Uma banana ligeiramente verde cortada com iogurte fresco é outro remédio caseiro simples. Coma diariamente por um mês ou até ficar curada. Não adicione açúcar, mel ou qualquer substância a esse preparado.

Medicamentos homeopáticos

Em cada caso, a dosagem consiste em 5 a 6 pílulas ou tabletes ou 1 a 2 gotas, se o preparado for líquido.

1. **Natrum muriaticum**, com o **Kali carbonicum**, ajuda a regular tanto a menstruação excessiva quanto a escassa, e funciona bem em doses mais elevadas. Dose: *Natrum muriaticum* 200X, em dias alternados.
2. **Crocus sativa**, feito do açafrão, deve ser tomado quando o fluxo menstrual for escuro e escasso. Dose: *Crocus sativa* 6X, três vezes ao dia.

3. **Camomila** pode ser tomada quando o sangue estiver coagulado e escuro. Dose: *Chamomilla* 30X, uma vez ao dia.
4. **Platina** é eficaz quando a dor e a sensação de calafrio vierem junto com o fluxo excessivo. Dose: *Platina* 6X, três vezes ao dia.
6. **Nux-vomica** cura a menstruação adiantada com duração prolongada e sempre irregular. Dose: *Nux-vomica* 30X, três vezes ao dia.

Leucorréia

Leucorréia é o termo utilizado para descrever um corrimento anormal, extemporâneo e viscoso da vagina e da cavidade uterina. A Ayurveda considera a leucorréia o resultado do desequilíbrio das energias vitais, e descreve quatro tipos, e todos podem ser curados com o retorno do equilíbrio do corpo.

Quando o corrimento é espumoso, rosado e sem odor, ele ocorre em virtude da alteração de *vata*.

A leucorréia por *pitta* é vermelho-azulada com traços de sangue e tem odor.

A leucorréia por *kapha* é branca ou amarelada e espessa.

Quando as **três energias** estão alteradas, o corrimento é viscoso (como mel) e tem odor ruim.

Faça uma análise atenta do corrimento e tente algum dos medicamentos simples descritos adiante. Se o problema persistir, procure imediatamente seu ginecologista, pois alguma outra condição patológica pode estar ocorrendo no trato genital feminino.

Medicamentos ayurvédicos

1. Um remédio caseiro tradicional utiliza o feijão-mundo assado na areia quente e moído até virar pó. Esse pó é frito no ghee, mexendo sempre. Nesse ponto, adiciona-se açúcar suficiente para adoçar ligeiramente o feijão, e a mistura é mexida até ficar homogênea. Esse preparado pode ser guardado por cerca de dois meses. Ingerir diariamente quatro colheres (sopa).
2. Para curar a leucorréia branca tome diariamente uma colher e meia (chá) de cominho-branco misturado com um pouco de açúcar cristal.

3. Cozinhe a casca da raiz da romã ou, se não conseguir, utilize a parte externa da casca da fruta. Aplique essa solução na vagina como uma ducha e depois deixe um pedaço de algodão embebido com a solução na vagina. Esse medicamento é especialmente benéfico para a leucorréia branca.
4. Outro medicamento simples é comer uma banana um pouco verde com três colheres (chá) de ghee. É de grande ajuda na leucorréia por *vata* e *pitta*.
5. A leucorréia com traços de sangue (*pitta*) pode ser curada com brotos de hibisco. Pegue cerca de dez brotos e triture em um pilão e adicione leite para formar uma pasta fina. Coma um pouco todos os dias até os sintomas desaparecerem.
6. A leucorréia associada à vagina irritada pode ser curada com cúrcuma e *amala*[7] em pó, em quantidades iguais. Coloque a mistura em um saco de musselina que possa ser inserido na vagina. Mergulhe o saco em óleo de gergelim e depois coloque-o na vagina. Deixe ali por várias horas.

Medicamentos homeopáticos

1. **Iodo** é prescrito em casos de corrimento acre (irritante e cáustico). Dose: *Iodum* 3X, três vezes ao dia.
2. **Argentum nitricum** é prescrito quando o corrimento é sanguíneo e profuso (leucorréia por *pitta*). Dose: *Argentum nitricum* 6X, três vezes ao dia.
3. **Arsenicum album** ajuda quando a leucorréia é acompanhada de sensação de queimação. Dose: *Arsenicum album* 6X, três vezes ao dia.
4. **Ferrum iodatum** cura a leucorréia com secreção viscosa e espessa (*kapha*). Dose: *Ferrum iodatum*, terceira titulação, quatro vezes ao dia.
5. **Aurum muriaticum natronatum** cura a leucorréia acompanhada de contrações vaginais. Dose: *Aurum muriaticum natronatum*, segunda titulação, quatro vezes ao dia.
6. **Mercúrio** é benéfico para curar a leucorréia cuja secreção tem coloração esverdeada. Dose: *Mercurius* 12X, três vezes ao dia.

---

[7] *Amala* é um fruto originário do Himalaia que tem várias propriedades medicinais. Pode ser encontrado sob a forma desidratada em algumas lojas especializadas.

Menstruação e Sexualidade

Favor notar que o "X" que acompanha o número após o nome do medicamento indica a dinamização da substância; quando você compra o medicamento homeopático, o farmacêutico precisa dessa indicação da dinamização. Não está relacionado à freqüência da ingestão.

8. O sangue menstrual de uma mulher saudável deve ser vermelho, sem manchas nem mau odor.

Existem métodos para diagnosticar o estado de saúde por meio do sangue menstrual. Normalmente, a cor do sangue deve ser vermelha e não escura. Se você é saudável, esse sangue não deixará uma mancha duradoura no coágulo. O sangue menstrual saudável não deve ter odor ruim. O sangue escuro indica excesso de *vata*. O sangue que deixa mancha revela excesso de *kapha*, e um mau odor, um excesso de *pitta*. Qualquer que seja o caso, as medidas apropriadas devem ser seguidas para pacificar a energia desequilibrada.

9. A contracepção é responsabilidade tanto do homem quanto da mulher, e a mulher, se não deseja filhos, deve evitar o contato sexual sem o uso de medidas contraceptivas adequadas.

Durante o período do ciclo reprodutivo, o coito pode levar à gravidez. Não discorrerei sobre os vários métodos de contracepção, pois é um assunto vasto. O objetivo aqui é enfatizar que é responsabilidade conjunta de homens e mulheres adotar medidas contraceptivas adequadas para evitar uma gravidez indesejada.

Como o embrião é formado dentro da mulher, muitos consideram que a prevenção é de responsabilidade exclusiva dela. A mulher deve ser firme nesse assunto e se certificar de que seu parceiro está igualmente empenhado em evitar uma gravidez indesejada. A mulher que teme a gravidez, e mesmo assim permite uma união sexual desprotegida, com freqüência sofrerá de dores no corpo, rigidez e constipação.

A mulher não deve se deixar induzir e permitir um intercurso com a idéia imprudente de que "nada acontecerá". Deve usar sua força de vontade nessas ocasiões para impedir o ato. Ela sempre deve se lembrar de que, se tiver uma gravidez indesejada, será ela quem sofrerá. Para a mulher, fazer um aborto significa uma experiência desagradável e traumática, que envolve perda de sangue e sofrimento psicológico. O corpo passa por um choque. A experiência pode levá-la a desenvolver o medo de ter relações. As mulheres precisam ser bem firmes nesse aspecto.

10. A menstruação em geral termina entre os 40 e 55 anos, mas pode cessar antes, em virtude do desequilíbrio de *vata*.

A cessação da menstruação consiste no final do período reprodutivo, denominado menopausa. As mudanças cíclicas não ocorrem mais. A ovulação não acontece, bem como a formação mensal da camada endometrial. Não existe possibilidade de gravidez, e a mulher não precisa mais de contraceptivos. A menopausa *não significa* o término da vida sexual da mulher.

A menopausa é um processo gradual ligado à cessação da formação de óvulos e ao esgotamento na liberação dos hormônios femininos. O período pré-menopáusico, durante o qual os hormônios são liberados em nível reduzido, pode durar vários anos. A diminuição conduz a mudanças psicológicas e fisiológicas e variam de pessoa para pessoa, e o grau depende das condições gerais da saúde e do estilo de vida.

Não é possível definir com precisão as alterações, pois qualquer mulher pode sofrer de uma variedade de efeitos durante um período de muitos anos. Vamos nos deter em algumas das queixas mais comuns e nas medicações possíveis.

O esgotamento dos hormônios pode ser notado pelas mudanças no padrão usual dos efeitos fisiológicos produzidos pelo ciclo menstrual. O fluxo

Menstruação e Sexualidade

sanguíneo diminui e a extensão do ciclo torna-se variável. Os seios não crescem mais durante a terceira semana, como acontecia antes. A rigidez no corpo, a inflamação e as dores nas juntas são outras características comuns da menopausa.

Em alguns casos, os sintomas se centralizam somente em determinadas partes do corpo: um grande percentual das mulheres que fizeram parte de minha pesquisa se queixou de dor nos joelhos e na região lombar ou na região cervical. Em alguns casos, o período menopáusico pode ser acompanhado de arteriosclerose (calcificação das artérias) na região cervical. Muitas mulheres apresentam dor na parte superior do pescoço e na parte inferior da cabeça; outras podem ter surtos de calor constante ou sentir um calor repentino e momentâneo no corpo mesmo no tempo frio. Essas sensações podem ocorrer com freqüência ou somente de maneira ocasional. Algumas mulheres sentem que repentinamente começam a ter uma aparência mais velha por causa da pele seca e áspera, que costuma surgir nesse estágio de sua vida em virtude do desequilíbrio de *vata*.

Nervosismo e depressão são outros dois sintomas destacados no período pré-menopáusico. Algumas mulheres se tornam excessivamente nervosas e começam a agir de maneira agitada. Podem começar a falar muito, desenvolver ansiedade em relação aos outros e trabalhar em excesso. Costumam sofrer de distúrbios do sono. Aquelas que geralmente apresentam ótima disposição e natureza alegre podem perder o entusiasmo e descobrir que todos os esforços humanos não têm sentido. Outras costumam desenvolver uma atitude negativa generalizada em relação à vida.

Durante o período menopáusico, as mulheres podem sentir que não se conhecem mais e não conseguem encontrar um fundamento lógico para seu comportamento ou suas dores e dissabores. Em decorrência de seu sofrimento, as pessoas mais próximas também se tornam vítimas do seu comportamento estranho.

Os sintomas pré-menopáusicos, em geral, começam no final da quarta década, levando a uma cessação completa do fluxo sanguíneo menstrual por volta dos 50 anos. Contudo, mulheres que levam uma vida muito agitada e estressante, que trabalham em excesso e sofrem de distúrbio de *vata* podem terminar seu período reprodutivo bem mais cedo. *Vata* é de natureza seca. Se houver uma alteração excessiva dessa energia, ele resseca as secreções sexuais, bem como o fluxo menstrual.

Esse problema deve ser encarado de maneira abrangente, e a mulher deve assumir várias atitudes para livrar-se do sofrimento.

A extensão e a intensidade dos problemas menopáusicos refletem a maneira como a mulher tem cuidado de si durante o período reprodutivo. A mulher que conduz uma vida saudável, mantendo o equilíbrio físico e mental, que está satisfeita e realizada sexualmente e que não tem atitude mal-humorada e queixosa, pode deslizar suavemente para a menopausa.

Por outro lado, aquela que teve uma vida dura e estressante, não cuidou do seu bem-estar físico e mental, sente-se insatisfeita e frustrada e se cansa com facilidade, pode ser uma candidata a uma passagem difícil para a menopausa. A fadiga acumulada, a tensão mental e a negligência podem se expressar no final do período reprodutivo da mulher. É como a fadiga quando paramos de trabalhar. Não nos damos conta da extensão do cansaço até que nos sentemos para repousar.

As mulheres deveriam investir em sua saúde desde a juventude, se desejarem minimizar o sofrimento na menopausa. Se fizerem posturas de ioga e exercícios respiratórios com regularidade a partir dos 30 anos e assumirem outras atitudes para manter seu equilíbrio físico e mental, essas medidas certamente lhe trarão retorno.

Humores diferentes dominam fases diferentes na vida de uma pessoa. A infância é dominada por *kapha*; a juventude, por *pitta*; e a velhice é marcada por *vata* (ver Tabela 5, na p. 69). A menopausa é o momento em que o domínio de *pitta* começa a diminuir e a mulher começa a entrar em um período dominado por *vata*. Durante as mudanças menopáusicas, todas as três forças vitais podem ficar desequilibradas, e os níveis de energia do corpo podem baixar. Se não houver cuidados adequados, poderão surgir várias desordens inatas.

Grande parte dos problemas de saúde da menopausa está relacionada ao desequilíbrio de *vata*. Nervosismo, distúrbios do sono, pele áspera, dores artríticas, comportamento agitado e preocupação excessiva são alguns dos sintomas (ver Tabela 2, na p. 66). Os surtos de calor decorrem da alteração *vata-pitta*. *Vata* é móvel e trabalha como um sistema de distribuição e comunicação de *pitta*. Além disso, durante o período pré-menopáusico, a liberação dos hormônios – uma função *pitta-kapha* – é altamente variável. Em virtude das variações em sua liberação, o desequilíbrio pode causar depressão e calor excessivo no corpo, especialmente na região da cabeça.

Os problemas da menopausa podem começar cedo em algumas mulheres, próximo ao final da terceira década de vida, porém a maioria apresenta esses sintomas por volta da metade da quarta década. As alterações no padrão menstrual – surtos de calor, sensação de inutilidade e insignificância da vida e depressão – são típicos. Algumas mulheres se sentem extremamente irracionais e ilógicas, e incapazes de fazer alguma coisa a respeito disso. Outras apresentam surtos de raiva que as levam a se perguntar sobre o próprio comportamento. Algumas acham que perderam todo o controle sobre si mesmas, enquanto outras ficam extremamente nervosas e inseguras, e de repente começam a se vestir de modo inadequado e exagerando nos cosméticos.

Algumas mulheres podem começar a se queixar de sensibilidade ao frio, várias dores e desconfortos (especialmente nas costas), perturbações estomacais e sensação extrema de inquietude. Outros sintomas são insônia, hipertensão, palpitação, extrema fraqueza e pressão arterial baixa. Outras pessoas começam a ganhar peso sem qualquer alteração nos seus hábitos alimentares. Além desses, podem surgir sintomas não-específicos e que não são facilmente designados como enfermidades.

Antigamente, algumas culturas desenvolviam cerimônias que incluíam medidas terapêuticas destinadas a lidar com os problemas da menopausa. Elas incluíam, com freqüência, a ingestão de drogas de origem natural e também outras dietas. Por meio dessas cerimônias, as mulheres minimizavam os sofrimentos umas das outras.

Em nossa era moderna e tecnológica, em que se vive de forma muito agitada, nossa alimentação é, em geral, desencadeadora de *vata*, e realizamos várias outras atividades que desequilibrem *vata*, por isso os problemas da menopausa estão mais intensos e maiores. Além disso, a medicina moderna tem estado sob o domínio masculino, incapaz de compreender os problemas que as mulheres têm de enfrentar, o que não contribui praticamente em nada para administrar a menopausa.

É de importância primordial que você esteja ciente dos problemas menopáusicos, aceite-os como um perigo real para a saúde e faça tudo que puder para curá-los. É essencial preparar-se previamente para encarar esse período difícil de sua vida. Muitas mulheres sofrem intensamente nessa fase, que pode marcar o surgimento de enfermidades. Isso acontece principalmente com aquelas que ignoram a saúde e outros problemas em torno dos 30 anos, porque estão profissionalmente monopolizadas ou extremamente envolvidas na criação dos filhos, ou ambos.

Por exemplo, algumas mulheres podem ignorar a deterioração do relacionamento com seu parceiro ou seus problemas de saúde menores ou uma mudança no relacionamento com os filhos. Costumam também acumular problemas quanto ao desequilíbrio entre sua profissão e a vida familiar. Continuam a tolerar essas fases por anos consecutivos. De repente, durante o período pré-menopáusico, sua tolerância diminui e elas ficam muito impacientes. Quem está próximo é geralmente incapaz de compreender a mudança súbita, o que leva a mais desentendimentos e cria uma atmosfera desagradável.

Tente pensar em todas essas possíveis conseqüências bem antes; não continue a adiar problemas quando você ainda está em torno dos 30 anos. Adquira a habilidade de antecipar o futuro e encare sempre o fato de que você precisará tanto da energia mental quanto da física para a fase difícil dos 40 anos. O acúmulo de dificuldades subjacentes da vida pode construir um vulcão dentro de si que poderá entrar em erupção durante esses anos sensíveis.

Quando o período pré-menopáusico chegar, observe minuciosamente qualquer sintoma ou mudança que acometê-la no nível físico e mental. Não os ignore nem os descarte. Quanto às mudanças emocionais, seja compreensiva consigo mesma e tente fazer os outros compreenderem sua situação especial, assegurando-lhes sua natureza temporária em decorrência da "mudança de vida", como muitas vezes é chamada.

Em geral, essa circunstância da vida raramente é discutida em família, e a maioria dos filhos e dos parceiros interpreta a mudança de comporta-

Menstruação e Sexualidade

mento da mulher como sinal da idade ou uma pequena excentricidade. Uma educação apropriada sobre esse tema é absolutamente essencial para o bem-estar dos parentes da mulher, pois eles também sofrem com o processo. Em um sistema familiar mais amplo, mulheres auxiliam mulheres, e esses problemas são administrados com eficiência. Contudo, em famílias nucleares, existe a necessidade de educação para que as várias facetas da vida da mulher sejam bem compreendidas, e para que os outros possam ajudá-la a atravessar esse período conturbado.

Uma prática regular de ioga equilibra corpo e mente e traz sabedoria. A purificação e a revitalização do útero devem ser realizadas regularmente na quarta década (ver boxe na Parte IV, Sutra 2). É também a época de ingerir substâncias rejuvenescedoras para manter seus humores em equilíbrio e o *ojas* (vitalidade e resposta imunológica) alto. Dê atenção especial à sua dieta e livre-se de hábitos de alimentação irregulares. Coma legumes frescos e frutas variadas e faça uso de alimentos líquidos como sopas, mingaus e sucos frescos. Lance mão de sua força mental, respiração iogue e práticas de concentração para manter o equilíbrio.

A força mental é desenvolvida com a prática constante durante certo período. É uma grande vantagem que nos auxilia a conduzir uma vida realizada e enriquecida. Manter o controle sobre as atividades mentais e direcionar a energia mental e espiritual para o objetivo desejado podem ser aprendidos com treinamento constante. Não é diferente de outros tipos de conhecimento. O difícil é desenvolver a força mental durante os momentos de crise. Portanto, no presente contexto, sugiro que você se prepare antes para enfrentar os problemas da menopausa, para que possa atravessar essa fase da sua vida com suavidade.

Os métodos ayurvédicos para rejuvenescer o útero devem ser seguidos de tempos em tempos, especialmente após o parto. A tradição étnica indiana conhece vários preparados que são recomendados para os sintomas dos períodos pré-menopáusicos. Esses métodos preventivos salvaram muitas mulheres de várias enfermidades mais complicadas em seus anos posteriores. Talvez possamos aproveitar essa sabedoria antiga e seguir algumas de suas prescrições.

PRESCRIÇÕES PARA O INÍCIO DA MENOPAUSA

Se os problemas da menopausa não forem administrados adequadamente, poderão resultar em hipertensão, palpitação, vertigem e outros. Se você sofrer de um deles, não comece a tomar imediatamente drogas fortes para curá-los, pois isso pode complicar ainda mais o problema fundamental, que é basicamente um desequilíbrio temporário. Observou-se com freqüência que muitas mulheres podem sofrer menos com os problemas da menopausa do que com um tratamento inadequado de seus sintomas. Por exemplo, algumas começam a ingerir remédios para hipertensão ou insônia e conseguem obter um alívio imediato desses problemas. No processo, elas intoxicam seus corpos ou se viciam em algumas dessas drogas. Começam um círculo vicioso e acabam tornando-se dependentes para o resto da vida.

Além das substâncias rejuvenescedoras comuns, as mulheres deveriam ingerir outros suplementos alimentares quando surgirem os sintomas da menopausa.

Suplementos alimentares

1. Durante o inverno, beba um quarto de colher (chá) de sementes de agrião amassadas, em dias alternados.
2. Durante o verão, tome um copo de aspargo Sharvat (xarope misturado com água) diariamente. O método de preparo está descrito no boxe na Parte IV, Sutra 2.
3. Coma de oito a dez amêndoas todos os dias antes do café-da-manhã. Elas devem estar maceradas e sem pele, como descrito no boxe do Sutra 6.
4. Se você tem surtos freqüentes de calor, evite alimentos que promovem *pitta*, como alho, batata, carne de porco e de boi, ovos, alimentos ácidos e todos de sabor picante (*chili*, pimenta etc.). Faça uma decocção de algumas ervas amargas e tome o chá diariamente por alguns dias. Prepare

um chá de coentro e erva-doce em quantidades iguais ou engula meia colher (chá) do pó desses ingredientes com água.
5. Coma alimentos que são frios em sua natureza ayurvédica. Alguns exemplos são abóbora-amarga (*Karela* em hindu), salada de endívia, cebolas, espinafre, aipo, pepino, maçã doce, banana, pêra, dente-de-leão, beterraba, aspargo, arroz, trigo germinado, lentilha vermelha. Evite alimentos ácidos porque são quentes em sua natureza ayurvédica.
6. Evite café, excesso de chá preto, tabaco e álcool, pois eles aumentam o calor no corpo.

Estabelecendo o equilíbrio perdido

Os primeiros problemas da menopausa começam quando o equilíbrio fundamental das três energias do corpo fica alterado. Você pode apresentar vários sintomas subjetivos e entrar em um tipo de estado desesperado de impotência. Pode se sentir fatigada e ter dores e aflições. Nesse estágio, é importante adotar algumas medidas simples para reestabelecer o equilíbrio perdido do corpo. Recuperado o equilíbrio fundamental, você terá de volta sua energia com uma boa dieta e *rasayanas* (produtos rejuvenescedores). Apresentamos aqui alguns métodos para restituir a harmonia.

Trifala

O **trifala** é um medicamento bastante indicado para equilibrar as três energias principais do corpo. Trata-se de uma mistura de três frutas em quantidades iguais: *amala* (Emblica officinalis), *harada* (Terminalia chebula) e *baheda* (Terminalia bellirica). Possuem sementes grandes, e para preparar o *trifala*, as frutas são pesadas quando secas e sem sementes, e então reduzidas a pó, que é peneirado para remover os resíduos. Após ser bem misturado, pode ser guardado em vidro fechado em lugar frio.

O *trifala* também pode ser comprado pronto, pois a maioria das empresas ayurvédicas o tem manufaturado. É um dos medicamentos básicos do Ayurveda.

O *trifala* restabelece o equilíbrio no corpo, e por isso cada pessoa terá reações diferentes, que ocorrem quanto maior for o desequilíbrio.

Dose e método de ingestão: Coloque uma ou duas colheres (chá) do pó em cerca de 200mL (uma xícara) de água quente em uma xícara de louça ou copo de vidro e agite bem. Deixe durante uma noite. Na manhã seguinte, aqueça um pouco e filtre. Beba em jejum.

Efeito do *trifala*: O *trifala* é um suplemento dietético rejuvenescedor. Como mencionado, é um medicamento valioso que restabelece o equilíbrio das três energias, e, portanto, cada pessoa reage de modo diferente a ele, dependendo do desequilíbrio apresentado. Em pessoas saudáveis, o *trifala* promove a formação de fezes e urina após sua ingestão, purificando o sistema. Algumas mulheres tendem a ganhar peso durante a menopausa. O *trifala* controla esse problema mantendo o equilíbrio do corpo e assegurando uma evacuação adequada.

ERVA-DE-SÃO-JOÃO

É uma erva européia que estabelece o equilíbrio das três energias. Planta pequena que também pode ser cultivada em vasos, mas necessita de clima temperado. Suas folhas e seus frutos são utilizados com fins medicinais. É também vendida sob a forma de chá, em saquinhos.

Dose e método de ingestão: Em caso de desequilíbrio, tome o chá duas vezes ao dia. Uma colher (chá) da erva ou um saquinho do chá para uma xícara (200mL) de água. Essa indicação deve ser considerada uma dose. Coloque água fervente sobre ele e deixe em infusão por dez minutos. Você pode adicionar um pouco de açúcar cristal para adoçá-lo.

Camomila

Também uma planta européia, traz equilíbrio para os humores. Suas folhas e flores são também utilizadas com fins medicinais. A dose é a mesma descrita para a erva-de-são-joão.

Outros métodos para estabelecer o equilíbrio

Siga uma dieta especial de alimentação bem simples, com pouca gordura, para restabelecer o equilíbrio perdido. Adiante, você verá algumas receitas. Fazendo uso desses alimentos por alguns dias, você terá uma sensação agradável no seu corpo. Mudar de ambiente consiste em outra maneira de ajudar a restabelecer o equilíbrio e a harmonia. Mudar de lugar significa não somente mudanças de ar, de água e de clima, mas também um bálsamo mental.

Medidas nutricionais

A seguir, serão expostas algumas idéias de dietas bem simples para purificar seu sistema. Siga-as por cerca de quatro semanas e, se você se sentir melhor, integre algumas dessas receitas ao seu cardápio rotineiro.

Café-da-manhã

- Cozinhe duas a três cenouras com um pouco de água e cardamomo por cerca de 15 minutos. Adicione um pouco de açúcar cristal, se desejá-lo mais doce do que as cenouras costumam ser. Junte cerca de meia a uma colher (chá) de ghee no final. Quem não tem tolerância ao ghee pode substituí-lo por um copo de leite. Caso use leite, cozinhe por mais cinco minutos.
- Como alternativa, temos o iogurte desnatado com um pouco de arroz. Com a panela tampada e o fogo bem baixo, cozinhe o arroz com o dobro de água após tê-lo macerado por 15 minutos. O tempo de cozimento do arroz *basmati* é de cerca de 9 minutos. Deixe-o tampado por mais 3 minutos. Separadamente, bata o iogurte e adi-

cione um pouco de sal, pimenta e meia colher (chá) de cominho tostado e moído. Essa quantidade é para uma pessoa. O cominho pode ser tostado rapidamente em uma panela quente e depois amassado em um pequeno pilão.

Refeições: Faça refeições aquecidas, reduzidas e leves, com alimentos frescos. Não coma carne ou ovos durante a dieta especial. Não jante tarde, e certifique-se de aguardar pelo menos duas horas antes de ir se deitar.

Evite o pão com fermento ou qualquer outro alimento industrializado. Temos a seguir algumas receitas para o jantar.

- A sopa de cenoura é altamente recomendada para o jantar. Cozinhe cerca de três cenouras com uma batata, em 750mL de água, por cerca de 20 minutos, em fogo baixo, com a panela tampada. Após dez minutos, adicione meia colher (chá) de cúrcuma e meia de cominho. Junte também um quarto de colher (chá) de erva-doce, *ajwain*,[8] sementes de endro e coentro, sal e pimenta a gosto. Quando tudo estiver cozido, faça um purê. Acrescente um pouco de manteiga ou ghee no final.
- Legumes equilibrados como abobrinha e cenoura sempre são bons de comer. Você pode acrescentar outros legumes ao seu cardápio, mas evite couve-flor, repolho e outros dessa família. Eles, em geral, são de difícil digestão. Utilize sempre gengibre fresco junto com os legumes e adicione especiarias como cardamomo, *ajwain*, cominho, endro, coentro, cravo e erva-doce. É fácil preparar uma mistura de especiarias para sua dieta: misture todas em quantidades iguais, exceto o cravo, que deve ser reduzido à metade, e triture todos juntos.
- Você pode adicionar arroz ou batatas assadas ao seu cardápio. Coma somente pão fresco.
- Para sobremesa, sirva-se de frutas como mamão, maçãs, mangas e romãs. A salada de frutas é altamente recomendada.

---

[8] O *ajwain* é uma especiaria indiana semelhante ao tomilho. Suas sementes podem ser adquiridas com facilidade em lojas de artigos indianos em todo o mundo.

- Mulheres que têm digestão lenta devem evitar saladas e vegetais crus. Utilize ervas como coentro, endro, manjericão e outras para enfeitar os legumes e a sopa.

Não coma nada entre as refeições. Evite bebidas alcoólicas nesse período. Beba água quente pela manhã e água quente com cardamomo em outros momentos, quando sentir sede.

Mudança de ambiente

Em várias ocasiões, uma mudança de ambiente é muito útil para restabelecer o equilíbrio do corpo, e traz uma sensação de bem-estar quase imediata. Existem vários componentes no ambiente, sendo a água e o ar os mais importantes.

Considere tirar férias em um lugar tranqüilo, onde o clima seja totalmente diferente. Se você não vive nem se alimenta adequadamente, qualquer mudança de clima terá forte efeito sobre você.

Se você mora próximo ao mar ou em um local em que o ar é muito úmido, tire férias nas montanhas ou no campo, para mudar de clima.

Em regiões quentes, e especialmente se você tem de trabalhar ao ar livre e fica exposta ao sol, o ar frio das montanhas e das áreas de florestas lhe fará bem. Escolha um local próximo da água, mas não da água quente.

Medicamentos ayurvédicos

1. Você deve fazer uso de alguns purgativos de tempos em tempos para manter o equilíbrio de *pitta*. Quase em todos os lugares do mundo existem misturas de ervas disponíveis com esse propósito.
2. A casca da árvore *ashok* é muito benéfica para as mulheres em vários aspectos. O preparado ayurvédico, de base alcoólica, feito com essa casca, é chamado de *Ashokarishata*. É eficaz na cura dos problemas que ocorrem durante a menopausa. Contudo, é difícil conseguir um bom *Ashokarishata*, uma vez que nem sempre é utilizada a planta certa. Em seu lugar, as indústrias farmacêuticas usam uma variedade dessa árvore que não tem o mesmo valor medicinal. Alguns *vaidyas*

(médicos ayurvédicos) fazem o próprio medicamento em pequena escala, que muitas vezes não são comercializados.

3. Se os seus sintomas da menopausa estão aparecendo precocemente, use todos os medicamentos para a menstruação atrasada descritos após o Sutra 7. Faça uso da combinação de medicamentos ayurvédicos e homeopáticos e esforce-se para restabelecer o equilíbrio perdido do corpo como apresentado em páginas precedentes. O início precoce da menopausa ocorre geralmente em decorrência do desequilíbrio de *vata*, de debilidades ou de anemia.

4. Use produtos rejuvenescedores (*rasayanas*) regularmente, como descrito na Parte X, após o Sutra 3. Eles melhoram o sistema imunológico, garantem vitalidade, equilibram das energias do corpo e fornecem suplementos alimentares. Durante a menopausa, dão forças para atravessar com suavidade o período de transição.

5. Ingira açafrão regularmente durante esse período. Ele purifica os órgãos sexuais, restabelecendo seu equilíbrio. A dose diária é de 100mg ou uma pitada em leite ou ghee quente. Para mais detalhes, ver o boxe na Parte IV, após o Sutra 2.

Medicamentos homeopáticos

A homeopatia provou ser muito útil para aliviar problemas da menopausa. Sugiro a combinação dos tratamentos ayurvédicos e homeopáticos.

Anote cuidadosamente seus sintomas, faça uma lista e consulte um médico homeopata. Não hesite em mencionar todos os seus sintomas, mesmo os que você considere subjetivos. Quando surtos de dor, rigidez das juntas, sensação generalizada de não se sentir bem, depressão e outras alterações ocorrem entre as idades de 40 e 50 anos, provavelmente estão anunciando a chegada da menopausa. Os sintomas devem ser tratados imediatamente, para que se encontre a cura condizente. Os pequenos desconfortos iniciais poderão causar sofrimento prolongado se não forem cuidados logo.

Se os sintomas forem primeiramente relacionados à depressão, o tratamento homeopático fornece a melhor cura. A seguir, temos alguns medicamentos bem conhecidos, de acordo com os sintomas:

Menstruação e Sexualidade

1. **Amyl nitrosum** é indicado quando há calor súbito com ansiedade e palpitação. Dose: *Amyl nitrosum* 30X, quatro vezes ao dia.
2. **Ignatia** é benéfica para mulheres que apresentam tendências histéricas, irritabilidade e depressão. Dose: *Ignatia* 30X, duas vezes ao dia.
3. **Acônitom** é útil para pessoas com ansiedade e outros sintomas relacionados, como falta de sono, medo e indigestão. Dose: *Aconitum* 6X, a cada quatro horas.
4. **Sanguinaria** deve ser tomada quando a mulher sente queimação nas palmas das mãos e dos pés, congestão, tosse e azia. Dose: *Sanguinaria* 6X, duas vezes ao dia.
5. Uma combinação de **Pulsatilla** e **Lachesis** é administrada para curar problemas menopáusicos múltiplos. É muito eficaz e cura depressão, fraqueza, secura na área da vagina, comportamento arredio e outros. Dose: *Pulsatilla* 30X, três vezes ao dia, por quatro dias. Após um intervalo de dois dias, uma dose semelhante de *Lachesis* 30X é tomada por quatro dias. Então, repetir a *Pulsatilla* por quatro dias, e assim por diante, até os sintomas melhorarem.

II. A cessação da menstruação não afeta a sexualidade da mulher, embora o período pré-menopáusico seja geralmente difícil e possa requerer tratamento e cuidados apropriados.

Muitas mulheres se sentem desencorajadas com o aparecimento da menopausa e associam-na à velhice e ao término de sua vida sexual. Não encare dessa forma. A menopausa marca o final de um dos seus principais e exclusivos privilégios: a procriação, mas não sua sexualidade.

Entretanto, se os problemas da menopausa não forem tratados adequadamente, poderão levar ao término da vida sexual. Por exemplo, depressão e dores dificultam o desejo pelo sexo. Algumas mulheres começam a buscar tranqüilizantes para curar problemas psicológicos e de sono, e acabam se tornando dependentes. Ademais, a maioria desses medicamentos tem efeito adverso sobre o desejo e o vigor sexuais.

Você deve se lembrar de que o corpo, assim como a mente, também tem memória. Cuidar melhor de si mesma e viver em equilíbrio e harmonia com seu ambiente é fazer um investimento na boa saúde e na vida prolongada. A menopausa é um período no qual pode manifestar-se também a negligência dos anos da juventude.

PREPARAÇÃO PARA A MENOPAUSA

É aconselhável, anos antes, preparar-se bem para a menopausa, a fim de que ela não traga alterações e sua expressão sexual e energia permaneçam desimpedidas. Sugiro que as mulheres comecem a adotar as seguintes instruções em torno dos 40 anos:

1. Faça exercícios de ioga regularmente, especialmente os recomendados para rejuvenescer o útero, como descritos, na Parte VI, após o Sutra 9.
2. Tente adotar medidas para diminuir *vata*, tais como massagens, enemas, banhos mornos e nutrição adequada, que ajudarão a manter essa energia em equilíbrio.
3. Use especiarias como cardamomo, erva-doce, cominho, *nigella*, sementes de endro e *ajwain* ao preparar suas refeições.
4. Se você apresenta sintomas persistentes de desequilíbrio de *vata*, faça um pó de cominho, sementes de agrião, *ajwain* e *nigella* em quantidades iguais. Tome esse pó duas vezes ao dia, meia colher (chá) a cada vez, engolindo-o com a ajuda de um pouco de água.
5. Mantenha também seu *pitta* e *kapha* sob controle. Não ingira alimentos picantes ou ácidos em excesso. Evite tomar muito café, chá ou fazer uso de tabaco. Coma mais legumes e frutas frescas do que alimentos cozidos e fritos. Tente reduzir a ingestão de carne e substitua-a por laticínios.*

---

*Os laticínios podem provocar alergias e distúrbios alimentares, portanto, recomenda-se a observação individual de possíveis sintomas. (*N. da R. T.*)

Menstruação e Sexualidade

6. Preste atenção ao seu peso. Algumas mulheres podem ganhar peso durante o período anterior à menopausa, em função da retenção de líquido. Se você engordar, não assuma uma dieta radical, pois seu corpo precisa se nutrir para lidar com todas as mudanças fisiológicas que estarão ocorrendo. Mantenha uma dieta limitada e adequada, inclua muitas frutas em suas refeições e tente perder peso por meio de exercícios de ioga e caminhadas duas vezes ao dia.

7. Inicie a prática regular de exercícios de respiração e concentração. Isso a ensinará a controlar sua mente. A concentração a ajudará a sair da depressão e dos sentimentos negativos. Essas práticas também a auxiliarão a se livrar do nervosismo e dos distúrbios do sono (ver Partes VI, VII e VIII).

8. Durante o período menopáusico, também poderá ocorrer desarmonia no nível da energia sutil em virtude das várias mudanças mais intensas que ocorrerão no corpo. Sugiro que você se esforce para harmonizar a energia sutil com o exercício de concentração a seguir. (Antes de iniciá-lo, leia as Partes VI, VII e VIII deste livro e reflita.) Primeiro, você precisa conhecer os movimentos do corpo e os exercícios respiratórios explicados na Parte VI. Depois, tente algumas das práticas de concentração descritas nas Partes VII e VIII associadas à respiração e aos movimentos corporais. Uma vez dominadas, comece a se concentrar em cada um dos principais pontos de energia no corpo – os chacras (ver Parte VIII, Sutra 9, para maiores detalhes). Após a purificação dos canais principais com o *pranayama* – o exercício do ioga para a respiração vital (ver Parte VI, Sutra 10) –, comece a se concentrar no chacra *muladhara*, repetindo o seu mantra na noite de lua cheia. O chacra *muladhara* é o primeiro dos sete centros de energia no corpo. Localizado no ânus,* e ligado ao mantra Lam, representa o elemento terra. Governa o sentido do olfato. Concentre-se na forma do elemento – a terra – e no sentido do olfato associado a esse ponto de energia. Lentamente, tente se concentrar somente no som do mantra, esquecendo seu significado. Realize essa prática por alguns minutos pela manhã e ao entardecer, todos os dias, até

---

*A referência usual da localização desse chacra é no períneo ou na base da espinha dorsal. (*N. da T.*)

a próxima lua cheia, e, então, prossiga para o chacra seguinte. Sempre antes de começar você deve repetir os mantras dos chacras anteriores algumas vezes, antes de iniciar o mantra do seu mês. Continue com essa prática até atingir o sexto chacra e, então, retorne ao primeiro. Faça com que essa atividade seja parte da sua vida durante os anos da menopausa.

9. Tome produtos para rejuvenescer o útero durante o período anterior à menopausa. Faça uso dos afrodisíacos de acordo com sua necessidade individual (ver Parte X).

Aqui termina a Parte III de
Kama Sutra para mulheres que descreve a relação entre
a menstruação e a sexualidade.

Parte IV

Gravidez, Parto e Sexualidade

चौथा भाग
गर्भ और प्रसव का काम से सम्बन्ध

Ó, privilegiada, que o leite flua dos seus seios como os quatro oceanos e seja benéfico ao crescimento do seu pequenino!
Ó, afortunada, assim como os deuses atingem a longevidade após beber o néctar, que seu bebê também tenha vida longa ao beber do seu néctar, que é o leite!

Sushurata Samhita

1. Gravidez e parto são eventos importantes na vida da mulher e estão diretamente relacionados à sexualidade.

Os períodos antes, durante e após o parto formam um momento crítico. E as mulheres devem estar atentas para que os eventos dessa época não afetem adversamente sua sexualidade. Ela precisa da cooperação total de seu parceiro. A gravidez é o resultado da intimidade, e todas as suas conseqüências devem ser partilhadas por ambos. Como a mulher terá de atravessar a parte física da criação, o homem deverá fornecer-lhe apoio psicológico, conforto e segurança. Vamos abordar, etapa por etapa, a especificidade dos diferentes períodos ligados à gravidez.

Antes da gravidez: O período anterior à gravidez requer preparo tanto físico quanto mental. O casal que deseja ter um filho deve discutir minuciosamente sua vida após o parto, incluindo as responsabilidades e o trabalho que a criança trará para a relação, junto com a beleza e a felicidade. Em geral, os casais evitam falar sobre esses assuntos, e o resultado é que a mulher acaba assumindo a maioria das tarefas. A sobrecarga de trabalho pode fazê-la se esquecer de si mesma, e sua expressão sexual diminuir, ocasionando muitas vezes o rompimento da estrutura familiar.

As mulheres em quem a qualidade da maternidade é muito dominadora – que são emotivas e ansiosas para ter um filho – não consideram os aspectos mais práticos e as responsabilidades decorrentes. Essa categoria de mulher deve ser particularmente cuidadosa e agir com equilíbrio e sabedoria. A mulher não deve pensar somente na alegria de ter um filho, mas também na sua responsabilidade com o parceiro e a participação dele na criação do filho.

Antes de decidir engravidar, a mulher deve se certificar de que seu corpo está saudável e o útero e a vagina estão livres de infecção. Com a ajuda de alguns exercícios de ioga, ela poderá revitalizar seu útero antes da concepção e usar produtos necessários ao seu rejuvenescimento.

Gravidez: Durante a gravidez, a mulher deve ser especificamente cuidadosa, pois seus hábitos, comportamento, modo de vida e pensamento afetarão diretamente o bebê. Deve fazer tudo para assegurar que seu filho nasça fisicamente saudável e mentalmente forte. A gravidez é um estado de união física da mãe com seu bebê e, portanto, a mulher poderá influenciá-lo de várias maneiras positivas. Um bebê saudável e tranqüilo deixará a vida da mãe mais fácil. Um bebê nervoso, que acorda à noite e sofre de vários problemas, consumirá grande parte da energia dela, deixando-a fisicamente exausta. Nesses casos, sua expressão sexual ficará prejudicada, e seu vigor e entusiasmo sexuais serão consideravelmente reduzidos.

Parto: Nove meses de gravidez preparam bem a mulher para a chegada do bebê e para a maternidade. Ela aprende a viver com o ser em desenvolvimento dentro de seu corpo. Espera ansiosa por esse grande evento do parto. Algumas ficam muito ansiosas e impacientes, enquanto outras temem esse momento. A mulher deve tentar manter seu equilíbrio mental e fazer todo o possível para se livrar da ansiedade e do medo. Deve fazer regularmente práticas respiratórias e de concentração (ver Partes VI e VIII) para obter força mental e se preparar bem para a chegada desse momento.

Após o parto: Esse é um período complicado e difícil para a mulher. Ela está fraca e frágil nessa época, e tem a responsabilidade pelo bebê, que no início é totalmente dependente dela. Além disso, seu parceiro tem expectativas quanto à sua vida sexual, que ficou restringida. Ela pode sentir que a situação lhe exige muito. Pode realizar as prioridades absolutas (cuidar e nutrir o bebê) e ignorar ou desenvolver aversão à sua sexualidade, se for incapaz de administrar o conturbado período pós-parto.

Gravidez, Parto e Sexualidade

2. Durante o período pré-gravidez, é essencial levar uma vida saudável, fazer exercícios de ioga e consumir produtos rejuvenescedores para tornar o útero saudável, as juntas flexíveis e a mente forte.

A mulher deve atingir a boa saúde mesmo antes de conceber. Levar uma vida saudável significa manter as energias vitais (*vata*, *pitta* e *kapha*) em equilíbrio, vivendo de acordo com sua constituição, época e local. Sugiro, com veemência, que a mulher aplique sete diferentes métodos de limpeza interior para a purificação do seu corpo, que estão descritos na Parte VI. Deve seguir uma dieta equilibrada, contendo uma ampla variedade de ingredientes que não sejam muito intensos em seu sabor em particular. Por exemplo, não deve ser extremamente doce, salgado, amargo, ácido ou adstringente. Se você já era saudável antes de conceber, seu *ojas* (vitalidade e imunidade) é alto, portanto as mudanças hormonais que trarão um estado temporário de desequilíbrio ao corpo imediatamente após a concepção não a afetarão tanto e reduzirão seu sofrimento.

Além de purificar o corpo com as práticas de limpeza interna, lance mão de medidas para rejuvenescer o útero antes de decidir engravidar. Algumas receitas simples para esse fim estão descritas no boxe a seguir e na Parte VI, bem como vários métodos de ioga para desenvolver a força do corpo e da mente. A mulher deve seguir regularmente essas práticas por pelo menos três meses antes de engravidar. Revitalizar o útero com os exercícios de ioga prescritos com esse propósito cria um bom ambiente para o seu bebê, que terá de passar os primeiros nove meses da sua existência ali. As posturas de ioga também revigorarão a mulher em geral e ajudarão a deixar as juntas flexíveis, aplainando o caminho para um parto suave.

Também é necessário desenvolver força mental e poder de concentração antes da concepção por várias razões: influenciar a formação do bebê e seu comportamento, facilitar o próprio parto e ajudar a gerar um bom fluxo de leite e uma influência pacífica sobre a criança depois.

PURIFICAÇÃO E REJUVENESCIMENTO DO ÚTERO

Temos aqui algumas receitas ayurvédicas para a purificação do útero:

1. As sementes de agrião (*Lepidium sativum*) encontram-se disponíveis em várias partes do mundo, assim como a salada de agrião (agrião-de-jardim) é um alimento comum. Na Índia, o agrião é cultivado também como forragem para cavalos e camelos. Para a purificação do útero, tome meia colher (chá) de sementes moídas com uma colher (chá) de ghee e outra de açúcar cristal. Uma terapia que envolve esse tratamento diário por cerca de 20 dias é especialmente benéfica após o parto, e também estimula a produção do leite.
2. O estigma da flor do *Crocus sativus* é chamado de açafrão. Especiaria rara e cara em todo o mundo, provou seu valor terapêutico para curar a menstruação atrasada e escassa. Para purificar o útero, tome um oitavo de colher (chá), cerca de 100mg, dissolvido em leite quente ou batido com um pouco de ghee e açúcar diariamente, por quatro semanas. No noroeste da Índia, esse tratamento é administrado para a mulher após o parto. Ocasionalmente, a cúrcuma é vendida como açafrão no Ocidente, então certifique-se do que está comprando, pois a iguaria é aproximadamente 200 vezes mais cara do que o substituto. Não é vendido sob a forma de pó, mas sim em diminutas e brilhantes fibras alaranjadas – o estigma seco das flores do *Crocus sativus*.
3. O cozimento das folhas do bambu tomado todos os dias por um mês também pode purificar o útero, embora elas sejam encontradas somente em algumas partes do mundo. Para cozinhá-las, junte quatro partes de água para uma de folhas e deixe ferver em fogo baixo com a panela semitampada ou com tampa perfurada até que a mistura diminua para um quarto do seu volume original. *Filtre o líquido preferivelmente em um tecido de musselina fina* antes de usar.
4. No nordeste da Índia, vários produtos da árvore *ashok* são utilizados tanto para a contracepção quanto para a fertilidade. O medicamento ayurvédico clássico feito dessa árvore é chamado *ashokarishta*.
5. O aspargo purifica o útero e também é afrodisíaco. Se você fizer um xarope doce com o aspargo colhido durante a estação do cres-

cimento, poderá preservá-lo por um ano. Para 2kg de aspargos, adicione 8L de água e ferva em fogo baixo até que a mistura fique reduzida a um quarto do seu volume original. Filtre o líquido e adicione 1kg de açúcar. Ferva em fogo baixo até que o conteúdo da panela fique com metade do volume original. Quando o xarope esfriar, acrescente 30g de cardamomo recém-amassado e 10g de pimenta. Recomendam-se duas colheres (sopa) da mistura todos os dias. Esse xarope, se adicionado à água fria, pode se tornar uma ótima bebida. Tome por pelo menos um mês; esse preparado aumenta a produção do leite e também é afrodisíaco.

6. Outro método simples para purificar o útero é ingerir uma colher e meia de cominho moído misturado em quantidade igual de açúcar cristal. Esse tônico purifica o útero e cura a leucorréia. É também afrodisíaco e estimula a produção do leite. Portanto, deve ser tomado, em particular, diariamente após o parto, por 30 dias.

3. Após a concepção, as duas almas no corpo da mulher causam influência uma na outra; a mulher deve exercer seu poder mental para se harmonizar com o ser que está dentro dela.

Na antiga tradição indiana do Ayurveda, acredita-se que o embrião é produzido a partir do Ser, ou *jiva*, que é a fonte da vida. O *jiva* é o agente da consciência.

> O *jiva* penetra no útero e combina o esperma com o óvulo, produzindo-se sob a forma de um embrião (...) O mesmo embrião, com o passar do tempo, atinge o estágio da infância, juventude e velhice gradualmente (...) Em processo de desenvolvimento, ele não pode crescer sem um fator diferente do Ser, assim como um broto não pode crescer de uma não semente.[9]

---

[9] *Charaka Samhita*, Sharirasthanam, III, 9.

A alma é o agente da consciência, enquanto o corpo é o meio para a consciência. Quando ocorre a concepção, a alma do bebê está ali, embora o corpo ainda não esteja formado. Por isso, neste sutra falamos da mulher com duas almas.

A condição e as circunstâncias do bebê no nascimento, os atributos positivos ou negativos, a constituição básica, a personalidade inata e outros fatores dependem do seu carma anterior. Mas um embrião ainda não é capaz de desenvolver seu carma atual, pois seu meio de consciência – seu corpo – ainda não está desenvolvido. Entretanto, as impressões dos seus atos anteriores (*sanskara*) influenciam a mãe. Da mesma forma, o carma da mãe influencia a formação e a personalidade do bebê. A mãe é capaz de controlar seu carma atual com seu poder de arbítrio e vontade. Deve tentar ao máximo seguir todas as prescrições para ter um parto fácil e um bebê saudável e tranqüilo.

As mulheres grávidas, em geral, manifestam certos traços de personalidade característicos. A medicina moderna os relaciona às mudanças hormonais. Contudo, as sociedades mais tradicionais acreditam que essas características espelham a personalidade do seu futuro filho. Por exemplo, se após a gravidez ela começa a se sentir pacífica e calma, esse estado provém dos atos anteriores (e da natureza básica ou inata) do embrião. Ou se ela se sente zangada e agressiva, isso também reflete o *sanskara* do seu futuro filho. Com freqüência, durante a gravidez, a mulher adquire outras qualidades para as quais não consegue encontrar qualquer explicação racional, incluindo mudanças súbitas em emoções, gostos e aversões. Por exemplo, algumas mulheres, de repente, querem aprender ou ler sobre alguma coisa em particular, ou se tornam gentis e auxiliam os necessitados. Algumas ficam irritadas, zangadas ou grosseiras, ou até desenvolvem um desejo de roubar algo ou quebrar objetos frágeis. As mulheres também podem experimentar certos tipos de medos estranhos, hesitações ou outras sensações.

Em geral, as mulheres ficam confusas com esses sentimentos peculiares, que muitas vezes não são partilhados com os outros. Aqui, somente alguns exemplos foram citados, mas as mulheres vivenciam grande diversidade de emoções. Algumas também se sentem extremamente bem e harmonio-

Gravidez, Parto e Sexualidade

sas consigo mesmas durante a gravidez; muitas relataram que a gravidez foi o período mais bonito de sua vida.

A conscientização de que existe outra alma dentro de você, que a influencia durante esse período, a auxiliará a compreender melhor a si mesma e ajudará a desviar seus pensamentos e ações numa direção positiva. Manter o controle sobre suas emoções e a mente livre de sentimentos negativos que poderão prevalecer durante essa fase especial requer um esforço tremendo e prática constante. O esforço será menor se você estiver bem preparada antes da gravidez.

Abrigar sentimentos negativos pode perturbar as pessoas à sua volta, especialmente seu companheiro. Eles sempre geram mais sentimentos negativos e, conseqüentemente, um ambiente pesado. Uma atmosfera desagradável adicionada ao desconforto da gravidez somente conduzirá a um declínio na sua tolerância e paciência. Seu comportamento irritadiço perturba seu bebê e também poderá causar problemas durante o parto e o fluxo de leite. Se você se preparou bem, poderá compreender melhor as razões para suas mudanças comportamentais e ficar em uma situação melhor para exercer controle sobre si mesma.

Desde o início de sua gravidez, fique consciente da outra alma dentro de você, e sempre desvie seus sentimentos na direção do bem-estar dela. Entre os cinco elementos fundamentais, o éter e o ar são os responsáveis pela formação do feto. A mulher grávida deve se concentrar nesses dois e desejar uma formação saudável e harmoniosa do seu bebê. Monte as próprias frases ou mantras com esse propósito. Um exemplo:

> Ó poderosos éter e ar, vocês são todo-penetrantes. Vocês, junto com o fogo, com a água e com a terra, são responsáveis por tudo que sentimos, tocamos, vemos, ouvimos e cheiramos. Eu me concentro em vocês e lhes peço uma formação harmoniosa do meu bebê. Que ele receba uma nutrição adequada, tenha um desenvolvimento pleno e esteja confortável pelos nove meses na penumbra do meu ventre. Ao fim desse período, quando seu desenvolvimento estará completo, que ele encontre seu caminho, para o mundo da luz, suavemente e sem dor.

Você deve tentar visualizar os detalhes das partes individuais do corpo do embrião e orar diariamente, como o mantra citado, pela sua formação correta. Direcione também sua mente e energia ao desenvolvimento dos traços positivos da personalidade em seu bebê. Sempre que se sentir tensa ou perturbada, ou se achar que o ser dentro de você está inquieto, vá para um local tranqüilo e pratique o *pranayama* (ver Parte VI, Sutra 10). Transfira o poder do seu *prana*, ou energia vital, para seu embrião, e concentre sua mente nele. Diga-lhe para se acalmar, console-o e nine-o colocando as mãos gentilmente sobre o abdome. Também tente envolver seu parceiro nessa comunicação com o bebê.

Se ficar excessivamente zangada, agressiva ou dominada pelas emoções, afirme para si mesma que isso não é bom para seu bebê. E esforce-se para arejar a cabeça e se acalmar.

Em resumo, mantenha atenção constante sobre si mesma durante a gravidez, e utilize o poder mental para influenciar positivamente seu bebê.

4. Durante a gravidez, as forças vitais do corpo estão mudando constantemente; para a saúde prolongada da mãe e do bebê, a mulher deve fazer tudo que lhe for possível para manter o equilíbrio.

A mulher grávida deve seguir uma dieta leve e balanceada. Deve comer produtos que promovam o equilíbrio das três forças vitais (*vata*, *pitta* e *kapha*) em seu corpo e evitar os que estimulem desarmonia. Por exemplo, ela deve ingerir mais legumes, como cenoura, nabo, abobrinha e saladas, bem como sopa de feijão-mungo (ou canja de galinha para os não-vegetarianos), leite, ghee e iogurte – este último, porém, não deve ser consumido em excesso e nunca à noite. Ela não deve fazer refeições pesadas, como bife (bovino ou suíno) com batatas fritas. Se o fizer, deverá ingerir também arroz cozido com um pouco de ghee. É bom que se evite a ingestão de condimentos em excesso; e alho e cebola somente em quantidade moderada. O uso de gengibre fresco cozido com vegetais é altamente recomendado, pois auxilia a estabelecer o equilíbrio.

Gravidez, Parto e Sexualidade

Um prato preparado com legumes variados, arroz e um pouco de ghee, junto com condimentos como cominho, anis, gengibre e pimenta, é recomendável. Alimentos líquidos como sopas e mingaus também são aconselháveis. Coma frutas diversas regularmente. Não exagere com nenhum alimento em particular, mas inclua ingredientes diferentes em pequenas quantidades na sua dieta.

Não use óleo em excesso nem alimentos gordurosos, e evite frituras. Mas não elimine completamente a gordura vegetal e animal. Use ghee para cozinhar e azeite de oliva ou de gergelim nas saladas. Dispense óleo de semente de colza ou outros óleos vegetais de origem desconhecida. Evite ingerir com freqüência alimentos ou nutrientes com sabor acentuado, seja doce, amargo, picante, adstringente, ácido ou salgado. Beba um ou dois copos de água quente ao se levantar pela manhã e caminhe depois para promover uma evacuação regular. A constipação ou a evacuação parcial durante a gravidez podem causar vários problemas tanto para a mãe quanto para o feto. Muitas mulheres sofrem de constipação especialmente durante o último período de gravidez. Mas, se você beber água e seguir uma dieta integral, poderá esquivar-se desse incômodo. Além disso, a prática de beber água quente manterá *vata* em equilíbrio.

A falta de harmonia em *vata* é muito perigosa para o feto. Alimentos secos e frios, conservas, trabalho em excesso, estilo de vida agitado, ficar acordada até tarde, evacuação imprópria, falar demais ou em voz muito alta, emoções excitadas ou medo podem causar desequilíbrio de *vata*, que é o responsável pela formação do feto. Café, cigarro, álcool e outras drogas não devem ser ingeridos. Chá preto não deve ser consumido em demasia; em seu lugar, beba chá de ervas ou chá preto bem fraco. Não tome refrigerantes com cafeína ou outros aditivos químicos, e evite sucos de fruta industrializados e todos os alimentos em conserva ou mantidos na geladeira por mais de quatro a cinco horas. Beba água ou sucos de frutas e de legumes frescos.

A mulher grávida pode ter repentinamente um forte desejo de comer algo específico. É bem possível que o alimento desejado possa não ser integral e causar desequilíbrio. A recomendação ayurvédica prega que se deve realizar o desejo intenso da mulher grávida, mesmo que o produto em questão não seja benéfico. "Quando o desejo é muito intenso, mesmo não sendo benéfico, o parceiro poderá dá-lo à mulher, junto com outro alimento, mais adequado, assim satisfazendo seu desejo. Ao suprimir a ânsia, *vata* fica alterado e seus movimentos dentro do corpo podem causar destruição e deformação no feto." [10]

CURA DA CONSTIPAÇÃO

A constipação é um problema constante em mulheres grávidas, e causa muito desconforto, especialmente no final da gravidez. Além de manter o hábito de beber água morna pela manhã, existem duas receitas simples para curar a constipação durante a gestação:

- Junte 50g de passas, 50g de figos e 25g de pétalas secas de rosas. Moa tudo em um almofariz e faça uma pasta. Tome 1 a 2 colheres (chá) dessa mistura todas as noites antes de dormir.
- Duas maçãs de tamanho médio assadas ou 100g de ameixas cozidas em 100mL (meia xícara) de água por 10 minutos podem ser consumidos diariamente para promover uma evacuação adequada.

A mulher grávida precisa de repouso e sono adequados, e deve evitar rigorosamente barulho, locais abafados e enfumaçados. Mas o repouso adequado não significa que ela deva tornar-se preguiçosa ou não fazer nada. O trabalho forçado e cansativo deve ser evitado; mulheres que trabalham fora precisam ter finais de tarde calmos e pacíficos, com os parceiros realizando as atividades domésticas. Mulheres com profissões estressantes como medicina, advocacia, ou que sejam da área técnica ou científica devem pleitear uma alteração parcial de suas obrigações para esse período, que é temporário, em

---

[10] *Charaka Samhita*, Sharirasthanam, IV, 9.

Gravidez, Parto e Sexualidade

seus locais de trabalho. Um estilo de vida agitado durante a gestação pode desequilíbrar *vata* e se mostrar maléfico ao bebê em formação.

Recomendo uma massagem corporal leve (semanal) durante a gravidez. O abdome deve ser massageado com ternura e grande cuidado. Não é necessário que seja uma massagem profissional; mesmo um membro da família ou amiga pode ajudar a relaxar e apaziguar *vata*. Você também pode massagear as próprias mãos, pés, cabeça e pescoço e, depois, tomar um banho quente de chuveiro ou banheira. Evite o banho com água fria, mesmo no verão.

O desequilíbrio de *pitta* durante a gravidez pode causar distúrbios no feto. Surtos repentinos de calor, enrubescimentos freqüentes e suores quentes, mesmo no inverno, são sinais de *pitta* alterado, que devem ser apaziguados com muito líquido, especialmente bebidas frias e doces. Suco fresco de cenoura, água fria com suco de limão e açúcar cristal, mamão, pratos com arroz e trigo preparados na hora e leite frio são algumas das medidas nutricionais para harmonizar *pitta*.

Bem no final da gravidez, quase todas as mulheres sentem os sintomas de excesso de *pitta*. Na verdade, trata-se do sinal do período anterior ao parto. Para ajudar a acelerar um parto que ultrapassou a data prevista, as mulheres podem iniciar uma dieta estimuladora de *pitta* nesse estágio, incluindo batatas, alho, sementes de gergelim, endro e feno-grego, mas somente sob a supervisão direta de médico, parteira licenciada ou pessoa qualificada.

A mulher grávida não deve dormir em excesso ou ficar letárgica. Se, ao sentir-se cansada apesar de ter dormido bem, experimentar um gosto doce na boca e se exaurir com pouca atividade, ela poderá estar com desequilíbrio de *kapha*, que pode causar deformação de partes do corpo do embrião e levar a um parto difícil e doloroso. A mulher grávida não pode ceder à preguiça, deve sempre exercitar-se e realizar algumas práticas leves de ioga. Deverá comer alimentos quentes e condimentados, reduzir a quantidade de sono, tomar um banho quente ou aplicar outra forma de calor úmido e fazer caminhadas ou outras atividades físicas moderadas.

CURA PARA O ENJÔO DURANTE A GRAVIDEZ

É muito comum as mulheres se sentirem enjoadas no início da gestação. Se houver o cuidado adequado antes da concepção e a mulher observar bem sua dieta, esse desconforto poderá não surgir ou ser bem brando. Porém, sua intensidade varia para cada indivíduo, ou na mesma pessoa de uma gravidez para outra. A seguir temos alguns medicamentos simples e métodos preventivos para lidar com o problema.

Medicamentos ayurvédicos

1. Tenha sempre consigo alguns cardamomos e, ao sentir um ligeiro desconforto, mastigue as sementes. Deverá também mastigá-las após as refeições. O cardamomo mantém os três humores em equilíbrio e restabelecerá seu *pitta*. Se não gosta do sabor desse condimento, poderá mastigá-lo com um pouco de açúcar cristal.
2. Junte 100g de sementes de cominho e 15g de sal marinho e mergulhe em suco de limão fresco. Misture bem e deixe secar. Quando se sentir nauseada, mastigue algumas sementes.
3. Faça um xarope dissolvendo uma colher (chá) de açúcar cristal em um copo de água com dois cravos pulverizados. Misture bem e beba quando se sentir enjoada.
4. Evite usar açúcar refinado nesse período. Prefira o açúcar cristal para adoçar suas bebidas.
5. Sucos frescos de frutas e vegetais ajudam a curar o desconforto. Certifique-se de que ele não esteja muito amargo.
6. A romã resistiu ao teste do tempo e pode ajudar nesse problema. Coma um pouco da fruta fresca ao se sentir enjoada. Não coma as que não estiverem maduras, pois poderão causar gases.

Gravidez, Parto e Sexualidade

Medicamentos homeopáticos

1. **Ipeca** 30X deve ser tomada duas vezes ao dia para curar o enjôo matutino acompanhado de vômitos. Dissolva dois tabletes em quatro colheres (sopa) de água e tome duas colheres de cada vez.
2. **Nux-vomica** 30X deve ser administrada da mesma maneira que a Ipeca. É mais indicada para pessoas que se sentem enjoadas ao comer ou imediatamente após as refeições.
3. **Natrum muriaticum** 30X deve ser administrado se houver sintomas como perda de apetite, acidez do estômago e salivação excessiva. Deve ser oferecido com água, como descrito para a Ipeca, por três dias, e depois repetido a intervalos de três dias até cessar o enjôo.

5. **A mulher grávida deve dar atenção especial aos seios, que se tornarão a fonte principal de nutrição para o bebê.**

O desenvolvimento lento dos seios é outro fenômeno importante da gravidez. A gestante deve acompanhar conscienciosamente esse processo e, a cada dia, dedicar alguns momentos para se concentrar em seus seios. Colocando as mãos sobre eles, ela deve dizer frases como:

> Agora estou nutrindo meu bebê com meu sangue, mas, quando ele estiver fora do meu ventre, serei responsável por sua alimentação e crescimento. Desejo para ele um desenvolvimento harmonioso e, para mim, um fluxo suave de leite saudável após o nascimento do bebê. Assim como a Mãe Terra alimenta todas as criaturas no universo, eu alimentarei meu recém-nascido. Assim como o rio flui, que o leite flua de mim. Que ele seja integral, nutritivo e regular para que meu bebê possa tomá-lo com facilidade.

As mulheres devem alimentar seus bebês com leite materno. Sua ausência pode produzir efeitos nocivos tanto para a mãe quanto para o filho. A antiga literatura médica da Índia enfatiza o papel da alimentação no peito para a manutenção da vitalidade e da imunidade na criança. A pesquisa moderna também provou que o leite materno contém anticorpos que fornecem ao recém-nascido um pouco de imunidade passiva. E não alimentar ao seio também é prejudicial para a mãe, pois seu corpo se preparou para esse propósito em particular e precisa fechar o ciclo. Sem isso, a mulher poderá se sentir frustrada, sofrer de culpa ou ter a energia sexual bloqueada. Portanto, para sua saúde, a longo prazo, e felicidade, ela deve se esforçar para fornecer um fluxo adequado e saudável de leite.

6. A mulher não deve ignorar sua sexualidade durante a gravidez, fazendo do recém-nascido sua única ocupação.

Tanto o homem quanto a mulher são os elementos responsáveis pela gravidez. Contudo, somente a mulher vivencia a gravidez. Ela deve ter como ponto essencial incluir seu parceiro na experiência a cada etapa, porém de maneira sutil, e não simplesmente falando o tempo inteiro sobre o bebê ainda não nascido. Deve assumir uma visão equilibrada da sua nova situação, lembrando que o filho é parte da sua vida, mas que existem outros aspectos que continuarão como antes. Deve lembrar-se que seu parceiro não tem a mesma experiência da mesma forma que ela. Se a mulher estiver muito preocupada com a gravidez e suprimir a expressão sexual, o parceiro poderá tornar-se inseguro. Durante esse período delicado, ambos devem fazer um esforço extra para aumentar a compreensão mútua e crescer juntos. O homem deve aceitar que as atividades sexuais da parceira diminuirão lentamente e farão uma pausa temporária um pouco antes e logo após o nascimento do bebê.

Durante a gravidez, a mulher deve evitar movimentos sexuais vigorosos, bem como fazer sexo de lado ou em posição curvada. Isso pode resultar em desequilíbrio de *vata*, causando sofrimento para a mãe e para o feto.

Gravidez, Parto e Sexualidade

A própria atividade sexual durante a gravidez depende da condição da mulher. As que estão tendo problemas devem evitar relações nesse período. Alguns textos ayurvédicos sugerem esse intervalo indiscriminadamente. Não recomendo generalizações, mas acredito que, para que se evitem complicações, é melhor proceder com discernimento e compreensão. A essência deste sutra é que a mulher deve manter seu equilíbrio na situação nova: seu filho preenche um aspecto do seu ser, porém também existem outras facetas importantes em sua vida. A harmonia é importante não somente para a vida sexual da mulher e do seu parceiro, mas também para a própria psique do casal.

7. A gestante deve direcionar sua força interna ao preparo pessoal para o parto, que é uma experiência de dor, separação e prazer.

A natureza provê tempo suficiente para preparar a mulher para a maternidade. Algumas ficam muito nervosas em relação a esse acontecimento, e outras ansiosas para dar à luz e retomar sua aparência e voltar às atividades normais. Tente manter o equilíbrio e reúna toda sua força interna.

A dor do parto mencionada no sutra se refere não somente à sensação física durante o parto, mas ao momento da separação. O feto se tornou parte da mãe durante os nove meses da gravidez. Ao nascer, o bebê passa a ser outro ser humano, e a mulher não é mais tratada como uma pessoa frágil que requer cuidados – a atenção das pessoas se volta para o recém-nascido.

A mulher sofre de fadiga física e dor mental após o parto, experimenta uma sensação de vazio ou vácuo e, algumas vezes, fica deprimida. Tudo isso pode prejudicar o fluxo do leite. Em geral, a sensação de vazio é misturada com as alegrias da maternidade – os prazeres de tomar o bebê em seus braços e nutri-lo com o fluxo natural de ternura, amor e afeto que surge nesse estágio.

Durante os últimos meses da gravidez, a mulher deve se preparar psicologicamente para os próximos acontecimentos. Deve visualizar um ser humano independente, com personalidade diferente. Logo ela não terá mais a responsabilidade em seu ventre, mas o barulho, o choro e as exigências do recém-nascido.

A chegada do bebê também pode prejudicar sua expressão sexual simplesmente pelas restrições de tempo. Os exercícios de visualização durante os últimos 30 ou 40 dias antes da data estimada para o parto darão a ela consciência do futuro e ela se acostumará a ver o bebê como um ser individual.

No momento do parto, a mulher precisará da companhia de amigas confiáveis, afetivas e amorosas, e não ansiosas, para lhe dar apoio emocional e moral. Durante os últimos anos, tornou-se comum no Ocidente o pai presenciar o parto. Acredito que a liberação das mulheres não significa que seus parceiros devam ser forçados a testemunhar o acontecimento. Aqui estão minhas razões: (1) A maioria dos homens tem dificuldade em assistir ao processo, que lhes causa a sensação de aversão sexual. (2) A melhor amiga, a mãe ou outra mulher em quem a gestante confia podem, muitas vezes, fornecer mais apoio e conforto do que o parceiro, porque ele pode se sentir bastante envolvido e abalado ao ver o sofrimento dela. (3) Devido ao envolvimento emocional, o homem pode ficar pouco racional e, com isso, incapacitado para auxiliar a parceira, fazendo com que ela se magoe com o fracasso dele.

Entretanto, não quero dizer que a mulher deva proibir o parceiro de acompanhá-la à sala de parto. Os homens que desejarem e estiverem ansiosos para participar do momento e se sentirem mentalmente preparados podem fornecer consolo e ajuda às suas companheiras.

Durante as dores, a mulher precisa ser consolada constantemente. Suas companheiras devem lhe dizer: "Mantenha a coragem. Logo o seu bebê estará aqui e tudo ficará bem novamente." Devem massagear suas mãos e acariciar seus cabelos. E a mulher não deve se contrair antes de as dores surgirem e de sentir pressão e urgência internas. Os esforços feitos antecipadamente gastam energia sem necessidade.

É importante que a mulher receba presentes, atenção e cuidados dos seus entes queridos após o parto. Os familiares e amigos não devem se voltar exclusivamente para o bebê; é essencial que o parceiro dedique cuidado especial e carinho nesse momento de carência. Esse ato reforçará o laço de amizade e amor, essencial para a intensidade da experiência sensual e sexual.

Uma nota para as mães solteiras

A maioria dos conceitos apresentados aqui pressupõe uma estrutura familiar comum para a maioria da população mundial. Entretanto, muitas mães criam seus filhos sozinhas, sem escolha ou em virtude das circunstâncias. Se você escolher ser mãe solteira, deve estar a par de todos os problemas e assumir a responsabilidade total pela criação do seu filho. É uma tarefa árdua. Você deve ir em frente se estiver confiante na sua força física e emocional e preparada para sacrificar seus prazeres pessoais, inclusive a sexualidade.

8. Após o parto, a mulher deve tentar reconquistar seu equilíbrio físico e emocional e não se sentir sobrecarregada com a nova situação.

A vida após o parto pode ser uma montanha-russa de emoções controversas. Por um lado, há o sentimento de vazio e, por outro, a realização e a felicidade do estado da maternidade. Para reconquistar o equilíbrio após um acontecimento de tamanha magnitude, a mulher não deve centrar todas as suas emoções e atividades no bebê. Outras obrigações, deveres e pessoas também têm seu lugar. Ser mãe é somente parte do seu ser. Nunca deve ser sua única ocupação, pois isso poderá causar **sofrimento** ao longo do caminho.

Algumas mulheres perdem o desejo sexual após o nascimento do bebê. Elas focalizam sua vida no recém-nascido e se tornam fisicamente exaustas e emocionalmente vazias. Pode ser necessário um esforço consciente para romper essa condição de unidirecionamento da mente. Os filhos são muito importantes e requerem tempo e atenção de suas mães. Mas, desde o início, as crianças devem ser ensinadas a cuidar de si mesmas. As mulheres não podem ser mães dependentes, pois isso prejudica a família inteira.

A perda do desejo sexual após o parto pode ser resultado de um esforço excessivo que faz surgir o desequilíbrio de *vata*. *Vata* é responsável pela capacidade sexual. A pessoa com desequilíbrio de *vata* pode ter desejo sexual mas não conseguir dar a ele uma expressão prática. O desequilíbrio excessivo de *vata* também pode interferir na produção das secreções sexuais graças à natureza seca desse humor.

9. Um fluxo regular de leite deve ser rigorosamente garantido, e a falta dele é prejudicial tanto para o bebê quanto para a mãe.

Os seios de algumas mulheres se desenvolvem regularmente durante a gravidez, porém, por algum motivo, o leite não flui. Isso pode ser em virtude do medo, da dor do parto ou de algum outro problema. Antigamente, realizavam-se cerimônias antes de o bebê sugar pela primeira vez. Nessas ocasiões, a mãe podia relaxar e ficar consciente do ato de alimentar. Os rituais providenciavam também uma transição suave entre o período de gravidez e o de pós-parto. Normalmente, eram realizados por mulheres mais velhas e sábias. Com o passar do tempo, as pessoas se esqueceram da importância do valor dos rituais antigos e passaram a não prestar atenção nas mulheres jovens e saudáveis que não conseguem alimentar seus bebês no peito. Na medicina holística, essa dificuldade é considerada um distúrbio que pode ter conseqüências sérias tanto para a mãe quanto para a criança, inclusive dando origem a sensações de culpa capazes de bloquear a energia sexual.

Uma cerimônia simples após o parto pode ser organizada pelas amigas mais íntimas da mulher, ou até por parentes. Algumas horas após o parto e depois de ter sido alimentada e estar se sentindo mais confortável, a mulher, com ajuda adequada, deverá se sentar reclinada e, concentrada, visualizar sementes germinando e belas flores. Ela deverá evocar a primavera, com flores coloridas surgindo nos campos e nas encostas; pensar na Mãe Terra, no sol, na água, na brisa perfumada da primavera, nas fontes nas montanhas, em um oásis no deserto ou na água correndo em um rio. Lentamente, ela poderá conduzir sua atenção para seus seios, onde deverá visualizar o fluxo do leite puro vertendo deles. As amigas poderão mostrar uma vasilha de porcelana branca com um pouco de leite de vaca com algumas folhas de manjericão ou outra erva curativa. Devem dizer a ela para se concentrar no leite, fechar os olhos e visualizá-lo em seus seios, pronto para sair. E, depois, ajudá-la a banhar os mamilos na vasilha, alternando cada seio. Por fim, as amigas podem umedecer-lhe os seios com o leite, com a ajuda de um chumaço de algodão.

Após esse ritual, as companheiras devem entregar-lhe o bebê. Com a cabeça do recém-nascido repousada em seu braço direito, ela deve oferecer-lhe o seio direito, com a ajuda da mão esquerda. Deve pressionar um pouco o seio para provocar o fluxo suave de leite. Depois poderá repetir as mesmas etapas com o seio esquerdo.

MÉTODOS PARA PROMOVER A PRODUÇÃO DE LEITE MATERNO

Medicamentos ayurvédicos

1. *Kalongi*, aspargo e cominho são excelentes para estimular a produção de leite. Misture o *kalongi*, sementes de cominho e aspargos secos (apenas o talo, não a raiz) em quantidades iguais e triture. Ingira duas colheres (chá) com mel pela manhã e à tarde, até ter um bom fluxo de leite.
2. Duas vezes ao dia, tome meia colher de sementes de endro em pó junto com uma colher (chá) de mel e outra de ghee.
3. Separe 200g de açúcar mascavo e, preferencialmente, 25g de cominho, 25g de *ajwain*, 25g de gengibre em pó e 75g de amêndoas sem pele, cortadas em pedaços pequenos. Aqueça quatro colheres (sopa) de ghee em uma frigideira e adicione, primeiro, os condimentos e, depois, o açúcar mascavo. Mexa sem parar. Cozinhe por cerca de dois minutos em fogo baixo e, então, acrescente as amêndoas. Mexa por alguns segundos e está pronto. (Aquecido ligeiramente, o açúcar mascavo se torna uma pasta; aquecido por mais tempo, fica duro e quebradiço, portanto tenha cuidado para não

exagerar.) Esse preparado pode ser guardado. Promove de maneira notável a produção do leite, sendo também um tônico geral que purifica o útero e aumenta o desejo sexual. Ingira o preparado de acordo com sua necessidade digestiva.

Medicamentos homeopáticos

1. **Pulsatila** 30X deve ser ingerida três vezes ao dia para restaurar o fluxo do leite.
2. **Acônito** 6X deve ser tomado a cada quatro horas se a falta de leite for acompanhada de febre, pele quente e seca e sede freqüente.
3. **Cofea** 30X três vezes ao dia pode ser indicada se houver sintomas como nervosismo e excitação.

10. **Após o parto, o casal deve estabelecer conscientemente uma nova etapa em seu companheirismo e sexualidade.**

A vida sexual de um casal durante a gravidez e após o parto nunca será como antes, e alguns parceiros sentem-se muito desanimados com a mudança. Perdem o interesse um pelo outro. A nova situação deve ser abordada com grande sabedoria e cuidado, o que será possível somente se os pais participarem igualmente das atividades do recém-nascido e partilharem os riscos e as alegrias da experiência. A mulher não deve envolver-se ao extremo com seu bebê nem ser muito possessiva. Não deve pensar que é a única que consegue fazer o certo para a criança. O parceiro precisa ser encorajado a participar de todas as atividades que envolvem o pequenino ser. Ao mesmo tempo, a mãe precisa lembrar-se sempre de que existe outra dimensão em sua vida além da maternidade e de que há um ser que gostaria de viver com ela esse momento da vida.

Da sua parte, o homem não deve deixar a mãe e a criança sozinhas, achando que seu dever limita-se somente a manter a casa. Esse padrão agora é menos comum, e cada vez mais as mulheres estão também participando financeiramente. De qualquer maneira, o homem precisa envolver-se na criação do bebê desde o início, em prol de uma vida sexual plena, do equilíbrio e da harmonia. O homem deve ter consciência de que a mulher tem um elo natural com o bebê, enquanto ele precisa construí-lo após o nascimento da criança.

Muitos homens pensam que seu relacionamento com o filho começa somente em um estágio posterior. Acreditam também que sua relação está limitada a brincar e se divertir com o filho. Ao manterem essa crença, nunca construirão um relacionamento profundo com a criança. Além disso, a companhia de um bebê ou de uma criança traz paz e tranqüilidade para a vida dos homens, que muitas vezes é dominada pelo estresse. Estar em contato com um ser humano tão pequeno também poderá permitir que ele vivencie sua parcela da maternidade.

Uma parceria sexual não é algo estático; ela pode se desdobrar em dimensões diferentes. Não está separada dos demais componentes da vida, e somente será plena e enriquecedora se o casal crescer e vivenciar, junto, as diversas facetas da vida em vários níveis de existência e de consciência. Partilhar as diferentes fases da vida, tais como nascimento, morte, doença e sucesso, ajuda o casal a se desenvolver em vários níveis de experiência sexual.

Se a mulher tiver algum problema de ordem sexual após o parto, deverá verificá-lo imediatamente. O desequilíbrio de *vata* deverá ser controlado por meio de medidas como enemas, massagens e nutrição apropriada. O homem deve lidar com a situação de modo delicado e paciente.

Os homens, em geral, ficam impacientes para retomar a vida sexual e se sentem superentusiasmados. As mulheres precisam de mais amor, cuidado e delicadeza nesse estágio. Lembre-se que a situação será diferente de "como era antes". A vida adquire outro estilo e ritmo com a chegada do bebê. Algumas mulheres, quando não têm a resposta sexual adequada ao entusiasmo dos seus parceiros, sentem-se desencorajadas e acreditam que o parto tenha reduzido seu desejo sexual. Essa conclusão somente as deixa mais ansiosas, e os problemas podem assumir uma dimensão mais séria, fazendo com que comecem a evitar os parceiros. E isso agravará ainda mais a situação.

A mulher deve esperar de cinco a seis semanas após o parto antes de ter uma relação sexual. De acordo com a tradição ayurvédica, esse período é de quarenta dias.

RETRAÇÃO DA VAGINA

Após o parto, ou com a idade, a abertura vaginal fica alargada. Com tratamento adequado, pode-se fazer com que ela retome seu tamanho normal. Existem várias receitas eficazes em diversos tratados antigos sobre sexualidade. Escolhi algumas pela sua facilidade de uso, embora as duas primeiras requeiram plantas que não são encontradas facilmente fora da Índia. A exportação crescente dos produtos ayurvédicos me dá a esperança de que tudo se torne mais fácil.

1. Faça uma pasta de lótus, junto com o talo, amassando-o com um pouco de leite. Faça tabletes do tamanho de uma noz-moscada, introduza um na vagina e deixe-o agir por uma ou duas horas. (Se não houver lótus fresco disponível, você poderá substituir por uma mistura de raiz seca e sementes em quantidades iguais: para fazer a pasta, pulverize a mistura e depois acrescente o leite.)
2. Faça uma pasta com sementes de *talmakhana* (*Asteracantha longifolia*), amassando-as com um pouco de água. Aplique nas paredes vaginais por vários dias. Essa planta não é encontrada fora da Índia com facilidade.
3. Separe a noz de três ou quatro sementes de tamarindo. Esse processo pode ser difícil se não houver prática, por causa do fino envoltório marrom aderido à noz. A melhor maneira é primeiro tostar as sementes por um minuto em uma frigideira quente e, depois, deixá-las esfriar antes de tentar remover a pele. Faça um pó fino com as nozes usando um moedor de café ou um moedor manual. Produza uma pasta fina adicionando um pouco de água e misturando. Com os dedos, aplique-a nas paredes da vagina e deixe por uma noite. Repita se necessário. Você poderá guardar a pasta na geladeira por vários dias.

Gravidez, Parto e Sexualidade

11. Utilize produtos revitalizantes e afrodisíacos após o parto para restabelecer a vitalidade sexual.

Após o parto, a mulher fica predisposta a uma alteração de *vata* e, se não ficar atenta, poderá sofrer de vários distúrbios decorrentes. Sua vitalidade e imunidade (*ojas*) em geral ficam baixas após o parto. Além do seu estado frágil, o bebê exigirá trabalho e atenção. Nutrição selecionada e cuidados apropriados, em conjunto com medicamentos, a auxiliarão a revitalizar-se. Existem dois aspectos nesse processo: um é colocar novamente as três forças vitais do corpo em equilíbrio, levando a vitalidade ao normal; o outro é restabelecer os órgãos envolvidos no crescimento e nascimento do bebê. Na Ayurveda, isso é tido como uma limpeza.

A nova mamãe deverá repousar por, no mínimo, duas semanas após o parto e esforçar-se para manter o equilíbrio mental. Ela poderá sentir dor e rigidez no corpo e também ficar inquieta e nervosa. Um enema morno com substâncias que diminuem *vata* será benéfico. A mãe deverá aplicar calor também por meio de outras formas e evitar sair de casa. Poderá utilizar exercícios respiratórios para restabelecer a força e o equilíbrio e, duas semanas após o parto, fazer exercícios de ioga, movendo o corpo para dentro e para fora, a fim de readquirir a forma e se livrar do peso extra.

O período pós-parto que não for adequadamente vivenciado poderá originar problemas de saúde prolongados e estabelecer uma reação em cadeia de eventos desagradáveis. Uma mãe nervosa, confusa e que não se sente bem transfere a energia negativa para o bebê, que terá má digestão e ficará inquieto, estabelecendo um círculo vicioso de pânico nos pais.

A pessoa com *vata* em desequilíbrio poderá desejar sexo, mas não terá vitalidade sexual. Se sua expressão sexual ficar prejudicada ou obstruída, não se desespere. Primeiro, coloque seu *vata* em equilíbrio massageando o corpo com óleo morno, tomando um banho quente com óleos essenciais, ingerindo alimentos tenros e aquecidos e repousando bastante. O próximo passo é ingerir alguns afrodisíacos para aumentar a energia sexual (ver Parte X, Sutra 8). Isso deverá curá-la rapidamente.

Em resumo, cuidar de si mesma após o parto é tão importante quanto cuidar do seu bebê.

Aqui termina a Parte IV de
Kama Sutra para mulheres, **que descreve**
a relação entre sexualidade e maternidade.

Parte V
As Três Dimensões da Mulher

पांचवा भाग
स्त्री के तीन रूप

Com ternura e amor, que todos os homens no mundo aprendam a despertar as dimensões criativas e sábias das mulheres que estão à sua volta.

A Autora

1. A intensidade e a força das diferentes dimensões da natureza da mulher devem ser compreendidas em todos os níveis.

As mulheres são fundamentalmente mais fortes e mais intensas do que os homens: em suas emoções e experiências, em seu poder criativo e também destrutivo, e em sua sexualidade. Isso não se refere apenas ao nível físico superficial, mas a vários e diferentes aspectos sutis e abstratos. A psicologia e a psiquiatria modernas em geral não consideram as diferenças entre homens e mulheres e, no processo, cometem vários erros graves nos cuidados da saúde. A maioria das normas nesses campos foi desenvolvida por homens, que tratam todos os seres a partir do seu ponto de vista, sem reconhecer as dimensões sutis da personalidade de uma mulher.

Cria-se mais caos quando às mulheres são negados certos direitos fundamentais aos quais os cidadãos de todas as nações deveriam ter acesso, sem discriminação sexual. Em certas partes do mundo, as mulheres ainda lutam por seus direitos básicos de votar, dirigir, ter conta em banco e realizar várias outras atividades triviais. Elas prosseguem em sua luta sob o chavão de serem "iguais" aos homens, o que infelizmente conduz a um erro fundamental. Homens e mulheres são diferentes em sua natureza e não devem ser tratados como "iguais" em várias dimensões físicas, mentais, sutis e espirituais do seu ser. Para criar harmonia entre os dois sexos e manter a paz em nosso universo, temos de compreender e agir com sabedoria e bom senso no trato dessas diferenças.

2. Criação, destruição e sabedoria são as três dimensões do ser feminino.

Essas três dimensões devem ser compreendidas em vários níveis perceptivos, sutis e espirituais da existência, todos inter-relacionados, interconectados e interdependentes (Figura 4). Como exemplo, vejamos o ciclo menstrual. A cada mês, novas células são formadas no útero e depois descartadas. Aqui, criação e destruição estão no nível claro, aparente, perceptivo. Mas esse fenômeno fisiológico também possui uma manifestação mental, fazendo surgir comportamentos sexuais e pessoais variados em momentos diferentes do ciclo da mulher. Pouco antes da menstruação, ela pode ficar tensa, deprimida, agressiva, irracional, insegura ou nervosa – todos aspectos destrutivos da personalidade humana.

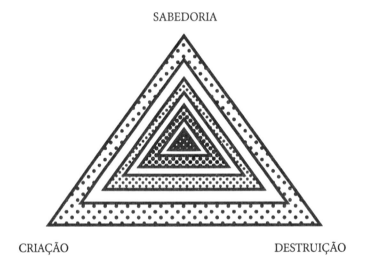

Figura 4 – Três dimensões de uma mulher. Criação, destruição e sabedoria estão representadas neste desenho. Triângulos dentro de triângulos mostram os vários níveis sutis da existência.

Na natureza tudo é cíclico, e um grau de destruição é essencial para a criação. As folhas velhas caem para dar lugar a novas. Tudo está constantemente mudando; tudo terá um fim, mais cedo ou mais tarde. Mas isso não representa o fim do mundo fenomênico, já que o novo substitui o velho. O equilíbrio básico é essencial entre as duas qualidades. Atualmente, enfrentamos desastres ambientais porque, com nossos atos, nós, seres humanos, interferimos no equilíbrio ecológico natural entre criação e destruição. As dimensões destrutivas de uma mulher precisam ser aceitas e deve haver permissão para o descarte produtivo. De outra forma, ele se expressará como obstinação, raiva, loucura, depressão, agressividade, egoísmo e outros.

A capacidade da mulher de procriar a distingue do homem, mas não deve ser interpretada de maneira limitada. A natureza procriadora se manifesta na paciência, sacrifício, tolerância, gentileza, cuidado, proteção e estabilidade – qualidades que fazem parte da sua natureza inata, tenha ela concebido ou não. Mas, se uma mulher enfatizar somente essas qualidades e suprimir a dimensão destrutiva, poderá encontrar uma saída inesperada e possivelmente desastrosa. A história folclórica a seguir ilustra a importância do equilíbrio entre criação e destruição a nível cósmico.

Conta-se que os deuses, aborrecidos com os seres humanos, amaldiçoaram-nos proibindo o deus da morte, Yama, de realizar as suas funções. Assim, todas as criaturas humanas na Terra deixaram de morrer. O planeta ficou superpovoado, sujo e inabitável. As doenças se espalharam, pois as pessoas enfermas não morriam. O caos tomou conta. Compreendendo a gravidade da situação, os sábios procuraram o deus da morte e pediram que reassumisse suas obrigações, pois, de outra forma, só haveria miséria e desastre na Terra.

A terceira dimensão da mulher é a sabedoria. Ser sábio significa ter um sentido de bom senso, um conhecimento discriminador e intuitivo, insight, estabilidade e equilíbrio. Quando a mulher utiliza sua mente e sua vontade para manter a imparcialidade e o equilíbrio entre suas necessidades criativas e destrutivas, a sabedoria aumenta.

Nas sociedades patriarcais do mundo, a dimensão criativa da mulher e seus atributos são reconhecidos e algumas vezes venerados, enquanto o lado destrutivo não é aceito em quase todas as culturas e religiões. O desequilíbrio resultante conduz ao caos e à desarmonia, as mulheres ficam insatisfeitas e infelizes e, como mães, criam uma prole fraca e vulnerável. Problemas complicados perturbam toda a estrutura social.

3. As três dimensões são constituídas por proporções diferentes das três qualidades fundamentais.

Como apresentado na Parte II, a diferença essencial entre a natureza do homem e da mulher dá-se em virtude das proporções diferentes dos princípios masculino e feminino, que, por sua vez, se manifestam em proporções diferentes das três qualidades fundamentais. *Sattva* e *tamas* dominam os princípios femininos, enquanto *rajas* domina os masculinos.

Rajas dominado por *sattva* dá origem à dimensão da criação. Suas manifestações são atributos como paciência, sacrifício, tolerância, gentileza, cuidado, proteção e estabilidade.

Rajas, com o domínio de *tamas*, origina a dimensão da destruição. Os aspectos positivos dessa dimensão são a renovação do antigo, a tendência a substituir, revigorar, esquecer as más experiências etc. Os negativos são possessividade, depressão, agressividade, irracionalidade, incerteza.

Sattva é a qualidade da estabilidade, pureza, beleza, verdade; e é a responsável pela terceira dimensão, a sabedoria. *Sattva* traz discriminação e conhecimento intuitivo, e a dimensão chamada sabedoria também pode ser chamada em linguagem mais compreensível de "capacidade de sentir" ou "sexto sentido".

Essas três dimensões estão em fluxo constante, e as variações em suas proporções fornecem uma diversidade interminável no caráter e no comportamento humano. O domínio de uma ou de outra pode mudar por meio do esforço pessoal. As mulheres devem tentar desenvolver o poder discriminatório, aumentando a qualidade *sattval*, e ajudar os homens com sua sabedoria. Os homens, em geral dominados por *rajas*, tendem a ser ativos em excesso nos assuntos mundanos, perdendo a paz da mente, a estabilidade e a tranqüilidade. Os atributos sáttvicos da mulher podem ajudá-los, assim como o caráter rajásico do homem pode auxiliar as mulheres dominadas por aspectos destrutivos de *tamas*, tais como depressão, letargia ou possessividade.

As manifestações das três qualidades cósmicas são vistas sob diversas formas da nossa existência. Com relação ao corpo, *tamas, rajas* e *sattva* representam os aspectos físico, sutil e espiritual da existência humana. Na visão cósmica, *rajas* indica o princípio criativo do universo; *tamas*, o processo devorador; e *sattva*, o princípio da energia e da vida.

A combinação da Alma Universal com a Substância Cósmica simboliza a criação, que é *rajas*.

Quando essas duas se separam novamente, o universo fenomênico é dissolvido, pois é *tamas*, o princípio devorador.

Sattva é o princípio da pureza e da estabilidade. Dignifica a presença da alma dentro de todos nós.

Assim como *vata, pitta* e *kapha* são as energias no nível físico, *sattva, rajas* e *tamas* indicam as qualidades e atividades da mente. Pensar, planejar, tomar decisões etc. são atividades rajásicas da mente. Durante o sono, a atividade mental é chamada de *tamas*, já que a mente adormecida está preocupada somente com o conhecimento previamente adquirido, encontrando-se fechada a um conhecimento novo. As atividades *sáttvicas* da mente são as que nos conduzem ao equilíbrio, à verdade, à auto-restrição, ao controle sobre os sentidos, à estabilidade da mente e à realização do nosso ser verdadeiro, a alma.

Sattva representa o elemento puro dominante da mente em estado de meditação, adquirindo a natureza da alma e se tornando uma com ela. As energias vitais e as qualidades afetam umas as outras. O excesso de *rajas* pode desequilibrar *vata*; o excesso de *tamas* pode desequilibrar *kapha*. *Sattva* conduz o intelecto e o talento, que são também atributos de *pitta*. *Vata* desequilibrado pode dar origem a um estado mental inquieto, podendo conduzir a atividades em excesso, aumentando *rajas*. Da mesma forma, um *kapha* desequilibrado conduz a *tamas*.

A Figura 5 mostra a inter-relação entre as três energias e as três qualidades da mente. No mundo comum dos seres vivos, para preservar a sanidade e a boa saúde, é preciso manter o equilíbrio dessas três qualidades. Quando o ser trilha o caminho da espiritualidade, ele é dominado por *sattva* e se afasta de *rajas*. Contudo, *rajas* é essencial para nossa vida diária, pois precisamos realizar nossas obrigações a fim de adquirir os meios para nossa sobrevivência. *Tamas* é igualmente importante em nossa existência do dia-a-dia, pois, sem ela, ficaríamos com excesso de *rajas*.

O iogue que vive no Himalaia pode se permitir devotar todo o seu tempo a *sattva*, que desperta seu ser interior. Entretanto, pessoas que vivem em um ambiente barulhento, como uma grande metrópole, precisam ter um sono adequado para suportar a parte rajásica de sua vida.

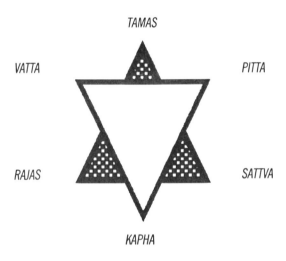

Figura 5 – Inter-relação dos três humores e três qualidades.

A principal enfermidade da nossa civilização moderna é que temos *rajas* e *tamas* em excesso e falta de *sattva*. O domínio da ganância e da insatisfação conduz a mais e mais *rajas*; pessoas tentam acumular bens materiais esquecendo-se de que tudo à sua volta é temporário, inclusive o ser físico. A falta de *sattva* e o excesso de *rajas* e *tamas* conduzem a vários problemas mentais e distúrbios sexuais. A crescente pornografia revela que as pessoas atualmente tratam a sexualidade como mais um objeto de consumo.

4. O desequilíbrio em virtude das situações forçadas de vida pode conduzir a enfermidades físicas e mentais.

Como já foi dito, várias sociedades e religiões aceitam somente a dimensão criativa da mulher. Em um sistema familiar patriarcal, ela passa a maior parte do seu tempo atendendo às necessidades dos membros da família; tem os filhos, e os cria. Tudo isso exige paciência, tolerância e sacrifício, embora ninguém preste atenção às suas necessidades e a seus sentimentos interiores. Eles não reconhecem. Desejando ou não, consciente ou não, ela aceita que sua vida é completamente centrada na família.

Enquanto isso, em seu corpo ela estoca tensão, e, com 40 ou 50 anos, essa tensão pode assumir a forma de uma enfermidade séria. Os pontos mais vulneráveis são os órgãos sexuais – útero, vagina e seios. Em muitos casos, a tensão é também acumulada no estômago ou nos pulmões, podendo resultar em ulceração, câncer ou asma.

Um grande número de mulheres se torna vítima de depressão durante os anos da menopausa, época também em que seus filhos estão se tornando independentes. De repente, muitas mulheres passam a sofrer de um forte sentimento de desvalorização.

A imagem tradicional ou religiosa da "mulher" em muitas sociedades permanece enraizada, e expressões de raiva, de segurança e liberdade, e de permitir que os outros assumam as responsabilidades, são sistematicamente suprimidas.

Na tradição hindu, personificam-se várias dimensões da mulher. Ela é a deusa Kali, a destruidora, que simboliza o tempo e traz um término para tudo, sendo simbolicamente representada pelo preto. Ela é Sarasvati, ou conhecimento e sabedoria, simbolicamente representada pelo branco. Ela é Lakshmi, riqueza e realização, simbolicamente representada pelo vermelho.

O lado destruidor da mulher é aceito na vida diária, como fica evidente nos seguintes ditados: "Uma leoa ferida e uma mulher zangada são muito perigosas" e "Fica-se indefeso diante da teimosia de um rei, de uma criança ou de uma mulher".

As mulheres devem aprender a aceitar todas as partes do seu ser. O sacrifício e a dedicação aos outros é um princípio positivo, porém "os outros" também precisam aprender a viver por si mesmos, como apresentado nas Partes I e II. Enquanto isso, a mulher deve usar sua qualidade *sáttvica* para influenciar positivamente os outros, absorver as qualidades da estabilidade e da paz e utilizar seu poder intuitivo para encontrar seu caminho na vida, lembrando que nenhuma situação é irremediável e que existe sempre algo que ela pode fazer. Não deve perder o controle da mente e agir com raiva, agressão ou violência, mas usar sua energia para descobrir o sutil poder em seu interior.

5. Esse desequilíbrio resulta em destruição e violência, que fazem surgir a miséria e a perturbação na sociedade.

Quando a mulher e os que com ela convivem aceitam somente uma dimensão do seu ser, poderá estar trilhando um caminho para se tornar destruidora e violenta. Algumas mulheres adotam modos realmente dúbios para se afirmar. Outras, que querem atenção, sofrem de doenças psicossomáticas exageradas. Algumas se tornam ranzinzas, dificultando a vida alheia, ou são agressivamente assertivas.

Por exemplo, os movimentos de algumas mulheres declaram sua luta contra os homens, e não contra os verdadeiros problemas. Certa vez, nos Estados Unidos, comentei com um amigo sobre minha surpresa em relação ao comportamento descortês dos homens dali. Ele explicou que os homens agiam daquele jeito como defesa contra as mulheres, que os insultavam e os agrediam quando eles seguravam a porta para elas ou as ajudavam a tirar o casaco.

Essa agressividade é mal orientada. Fatos triviais desse tipo não são formas de luta. Pelo contrário, se elas querem realizar mudanças maiores, precisam da ajuda e da cooperação masculina.

As Três Dimensões Da Mulher

6. A mulher deve desenvolver a força enfatizando sua qualidade *sáttvica* e aprendendo a se afirmar.

Como visto anteriormente, *sattva* é o elemento puro da consciência. Nas mulheres, prepondera essa qualidade, e, com isso, elas têm vantagem sobre os homens. Com algum esforço, a mulher pode aumentar essa dimensão, desenvolvendo o conhecimento intuitivo e o intelecto, e utilizar esse poder para se afirmar. Em outras palavras, ela não deve lutar pelos seus direitos com métodos reacionários e destruidores, mas com bom senso e sabedoria.

Como uma mulher pode desenvolver a qualidade de pureza e estabilidade chamada *sattva*? A vida nos tempos atuais é dominada por *rajas*, cujo excesso faz com que surjam qualidades de *tamas*. As pessoas perderam sua paz mental e a estabilidade. No passado, as religiões tinham o objetivo de atenuar até certo ponto essa qualidade ativa, mas o avanço da tecnologia e o aumento do consumo enfraqueceram sua atuação.

Sem o amparo da religião, as pessoas devem tomar a iniciativa por si mesmas para descobrir os meios de expandir a mente. As mulheres, com seu predomínio natural de *sattva*, podem desempenhar um papel maior nessa direção. A autodisciplina, a limpeza interna e externa do corpo, os *pranayamas* (exercícios de ioga para a respiração vital) e a prática da concentração são necessários para aumentar *sattva*. Pelo esforço consciente, a mulher pode se livrar da possessividade, do ciúme, do apego, da ganância e de outras qualidades negativas, e tentar atingir um estado mental de contentamento.

A mulher também pode desempenhar um papel de liderança nesse sentido ao influenciar seus filhos, aprendendo a se afirmar construtivamente e desenvolvendo a capacidade de convencer e influenciar os outros sem perder a energia. Afirmar-se enquanto enfatiza a dimensão destruidora somente danifica a si mesma e aos outros. Os homens também podem desenvolver *sattva* pelos mesmos meios.

Por que só nós, mulheres, devemos fazer esse esforço? Algumas se queixam a respeito dessas sugestões. A impressão de que estão lutando pelos outros é um triste engano. As mulheres fazem esse trabalho por si mesmas, para se tornarem mais fortes e criar harmonia em sua vida. Absorva essas qualidades e acumulará para si mesma um tesouro inestimável que a auxiliará em todos os seus caminhos da vida.

7. Os sistemas familiar e social devem reconhecer as três dimensões da mulher em todos os níveis.

Mais do que criar uma série de expectativas construídas sobre a imagem unidimensional da "mulher ideal", a sociedade precisa mudar seus costumes, rituais e normas sociais para aceitar a mulher em todas as suas dimensões. A imagem precisa ser reconstruída; além da mãe eternamente gentil, tolerante e sacrificada, precisamos também aprender a encarar o seu ser irado e devorador.

8. As três dimensões da mulher precisam ter uma expressão sexual apropriada.

Se determinada sociedade sonha que a mulher expresse somente uma das suas três dimensões, também espera que isso seja traduzido em termos sexuais. Em outras palavras, espera-se que a mulher seja uma parceira doadora, tolerante, paciente e passiva, submetida ao sexo. A mulher deve fazer um esforço consciente para se livrar dessa imagem e compreender que não é possível trazer equilíbrio para sua vida se ela não for equilibrada também em sua expressão sexual.

O ato sexual reflete as três dimensões na seguinte seqüência: criativa, destrutiva e sábia. Os atos sexuais são criativos e dirigidos a um objetivo definitivo. Quando o objetivo está para ser atingido, a dimensão destruidora da mulher, o seu princípio devorador, é ativada. Esse estágio é rapidamente seguido de um momento de conscientização pura, denotando a terceira dimensão. A experiência profunda e a realização dos últimos dois estágios dependem da intensidade da sua participação na primeira parte do ato (ver Parte XI).

9. Um desequilíbrio prolongado nas três dimensões da mulher pode pôr fim à sua sexualidade, pois esta é o produto das três qualidades.

Se o equilíbrio não for mantido por um tempo prolongado entre as três dimensões da mulher, o desequilíbrio criará desarmonias nas três qualidades fundamentais e nas energias corporais, e sua expressão sexual decrescerá. No nível das três energias vitais, o desejo da sexualidade é domínio de *vata*, o vigor sexual vem de *pitta* e as secreções sexuais de *kapha*. No nível mental, um desequilíbrio de *rajas, sattva* e *tamas* produz a ausência de realização (ver Parte XI para mais detalhes). Se o desequilíbrio for duradouro, o interesse sexual diminuirá e o desejo sexual desaparecerá gradativamente.

10. Nunca é tarde para um novo começo, porém esses recomeços requerem muito esforço e autodisciplina.

É possível reparar o dano causado pelo desequilíbrio prolongado. Nunca pense que seu caso é irremediável. Pelo contrário, reúna coragem e parta para um novo começo lembrando que somente o esforço e a autodisciplina trarão o rejuvenescimento. O esforço é válido não somente para a realização sexual, mas também para a saúde em geral.

Embora cada situação seja única e não possa haver um grupo fixo de instruções, uma coisa é certa: a renovação requer libertação total do apego e envolvimento excessivos. Isso não significa que você deva fazer coisas como deixar sua família. Pelo contrário, direcione seus esforços para uma mudança construtiva. Com desapego, você aprenderá a ver as coisas desapaixonadamente e será capaz de julgar a situação com sabedoria. Em nenhuma circunstância caia em desespero. Os seres humanos têm uma força inimaginável quando decidem despertar a energia adormecida em seu interior.

CARMA: PASSADO E PRESENTE

É importante compreender o papel do carma na Ayurveda. Todos nós nascemos e passamos por diferentes condições e estado de saúde. Isso é decorrente do carma passado, chamado *daiva* na Ayurveda. Entretanto, podemos melhorar ou piorar nossas condições em nosso carma presente, o *purushkara*. Manter a boa saúde e os relacionamentos requerem coordenação entre *daiva* e *purushkara*, o que significa que nosso carma atual, no aspecto da saúde, depende das condições que já possuímos. Todos nós precisamos dedicar especial atenção aos nossos pontos fracos. Se sou abençoada com uma constituição forte e uma disposição agradável, isso não quer dizer que eu deva ser negligente, mas que preciso me esforçar para manter esse estado até a velhice. Muitas pessoas acham que o carma implica uma atitude determinista. Não é assim, pois o esforço pessoal é extremamente importante, e o *purushkara* é a base de todas as práticas dos cuidados com a saúde.

11. A renovação chega com mais facilidade com a mudança de atmosfera e das atividades.

Para se livrar de uma situação desagradável, você precisa se distanciar de si mesma e ver tudo de modo desapaixonado. Uma mudança na atmosfera e nas atividades pode ser essencial se você precisa se desligar da situação existente e descobrir uma nova perspectiva.

Ir para um lugar tranqüilo em um feriado ou nas férias vai lhe proporcionar um tempo para refletir e reunir energias. Como alternativa, você pode aprender um trabalho manual, como cerâmica ou pintura. Essas atividades lhe darão o tempo necessário para se compreender melhor e ver os outros a partir de uma perspectiva diferente.

Em situações problemáticas, em geral as pessoas falam muito com os amigos. Opiniões diferentes levam a confusão e uma atitude destrutiva, tamásica. Conversar com os outros é importante, mas é nossa própria sabedoria e estabilidade interior (*sattva*) que devem nos conduzir. Em um estado de *sattva*, desenvolvemos a capacidade de ver os outros e a nós mesmos de um nível diferente da rotina diária e a apreciar o belo e positivo dentro de nós e dos outros.

Aqui termina a Parte V de
Kama Sutra para mulheres, que descreve
as três dimensões da mulher.

Parte VI

Poder Físico e Sexualidade

छठा भाग
शारीरिक शक्ति का काम से सम्बन्ध

Uma vez os demônios aborreceram tanto os deuses que estes resolveram enviar Kama, o Deus do amor, para despertar Shiva de sua meditação, a fim de que ele pudesse salvá-los dos demônios.

Aborrecido por ter sido perturbado, Shiva reduziu Kama a cinzas com o fogo do seu olho central. Dali em diante, a luxúria perdeu seu corpo (ananga). Por isso, ela não tem estrutura e se expressa por meio de todos os órgãos do corpo.

Shiva Purana

1. Como o instrumento da sexualidade é o corpo, seu bem-estar é o requisito básico para a realização sexual.

A sexualidade tem várias dimensões, incluindo a física, a mental, a social e a espiritual. Contudo, a dimensão física é a mais básica de todas. O corpo é o local da sexualidade. Segundo a tradição hindu, a palavra *corpo* neste sutra se refere ao ser físico da pessoa, que também inclui a mente, mas não abrange o poder do discernimento, ou o intelecto. Em outras palavras, o corpo é o local dos cinco sentidos, com a mente registrando aquilo que os sentidos percebem do mundo fenomênico. Somos capazes de desenvolver nosso intelecto e atingir a experiência espiritual pela sexualidade, porém o corpo permanece como instrumento básico. Uma enfermidade no corpo, ou desconforto na mente, prejudica a expressão sexual e inibe a intensidade da experiência.

2. A limpeza interior, assim como a exterior, são essenciais para a saúde e a beleza.

Atualmente, a maioria das pessoas enfatiza a limpeza externa e o embelezamento, principalmente por meios artificiais e alguns padrões de limpeza "interna". Contudo, limpar periodicamente o corpo pode criar um estado de bem-estar que aumenta a atração e o encanto físico.

A prática ayurvédica recomenda cinco tipos de métodos de limpeza interior a serem seguidos duas vezes ao ano para a purificação do corpo. A mais importante, no contexto presente, é o enema, que remove a rigidez do corpo, deixa a pele suave e brilhante e estimula a atividade. A mulher que sofre de constipação e evacuação parcial pode apresentar tensão abdominal e dor durante o ato sexual. Se a constipação for crônica, ela também pode deixar de produzir excreções sexuais. No caso dos homens, um enema aumenta seu poder de retenção. Trata-se não somente de uma das curas para a constipação, mas de um método eficaz para a limpeza e a irrigação do intestino. Eles pacificam *vata*, promovem a tranqüilidade e aumentam a atração sexual. Recomendo-os enfaticamente a todos. Um enema não-untuoso deve ser seguido de outro preparado com uma mistura de leite, óleo, ghee e mel.

Outras práticas de limpeza interna da Ayurveda também contribuem para o equilíbrio geral, rejuvenescendo o corpo e aumentando o vigor e a força. Mas você deve seguir os procedimentos adequados de limpeza, com as misturas corretas das ervas e as quantidades apropriadas de medicamentos. As práticas de limpeza externa também não devem ser ignoradas. Elas proporcionam sensação de bem-estar e deixam as pessoas atraentes e agradáveis.

Em certas culturas, a beleza externa é enfatizada somente para as mulheres, enquanto se espera que os homens aumentem seu vigor físico. Para uma experiência intensa e profunda no campo da sexualidade, tanto os homens como as mulheres precisam de atração física e força.

LIMPEZA EXTERNA E INTERNA

Limpeza Externa[11]

Boca, dentes e língua: Enquanto escova seus dentes, limpe sua língua de maneira adequada com uma escova de cerdas macias. Uma língua suja pode provocar hálito desagradável. A cada vez que você comer algo, lave sua boca com água ou, se isso não for possível, mastigue um cardamomo ou cravo para purificar o interior da boca. Mastigar quatro ou cinco cardamomos por dia purificará a boca e reforçará os dentes.

---

[11] Para detalhes sobre práticas de limpeza externa, consulte o livro *Ayurveda – a medicina indiana que promove a saúde integral*, de minha autoria.

Poder Físico e Sexualidade

Vias nasais: Para limpar suas vias nasais, visando um fluxo livre de ar vital, ou *prana* (ver Sutra 10, nesta Parte), sempre assoe seu nariz com força após o banho de chuveiro, mergulhe dois dedos em óleo de mostarda, insira-os nas suas narinas e inale. Esse exercício deverá fazê-la espirrar e limpar as vias nasais. Se você sofre de sinusite ou entupimento constante no nariz, faça inalações com vapor adicionando algum produto que contenha óleos essenciais. A limpeza iogue para as vias nasais chamada *jalaneti* também ajuda a curar constipações nasais.

Orelhas: Limpe a secreção pegajosa das orelhas de vez em quando com um cotonete. Lembre-se de lavar o pavilhão auricular durante o banho; depois, pressione o lobo superior das orelhas apertando-o entre os dedos e polegares.

Olhos: Use colírios suaves (preferivelmente lágrimas artificiais ou algum colírio homeopático ou ayurvédico) para limpar os olhos. Chá suave de camomila ou manjericão também são recomendados.

Pele: Como sabonetes e xampus ressecam a pele, aplique ocasionalmente uma pasta de amêndoas em pó e leite. Esfregue bem e depois lave. Quanto a sabonetes, utilize somente os preparados com óleos naturais e sem perfume. Uma vez por semana, tente também hidratar o corpo com um óleo (preferivelmente de coco, gergelim ou ghee) massageando todas as partes até que a pele pare de absorvê-lo. Depois utilize uma toalha úmida morna para remover o excesso do óleo. No dia seguinte, tome um banho de chuveiro.

Cabeça e cabelos: Seu couro cabeludo fica muito seco com o uso constante dos xampus. Para ajudar a hidratar o couro cabeludo, massageie a cabeça com óleo de gergelim ou de coco algumas horas antes de lavar o cabelo. Será melhor utilizar um xampu suave ou sabonete apropriado e, como condicionador, use uma parte de suco de limão para duas partes de mel. Depois enxágue.

Limpeza vaginal: De tempos em tempos, faça uma ducha vaginal ou lave sua área íntima com enema. O melhor para isso é chá de camomila ou uma mistura de chás de ervas amargas (em geral, vendida como chá para o fígado nas farmácias). Também poderá utilizar uma solução a 5 por cento de óleo de *neem* (encontrado em lojas de produtos indianos). Para uma ducha, use 100mL (meia xícara) de água para uma colher (chá) – 5mL – de óleo puro de *neem*.

Limpeza e purificação interna[12]

A negligência com as partes internas do corpo, permitindo o acúmulo de sujeira, diminui a beleza e o encanto e com o tempo pode causar doenças. Segue uma rápida descrição de práticas de purificação interna. Não tente a limpeza interna se você estiver grávida, fatigada ou se não estiver em boa condição de saúde. Pessoas obesas e que têm digestão fraca devem evitar os ungüentos.

Preparação para as práticas de limpeza interna

Cura pela gordura e fricção medicamentosa: Essa cura ajuda a amolecer a sujeira acumulada dentro de você e aumenta a eficácia de outras práticas de limpeza interna. A idéia da cura pela gordura (ou unção) é hidratar o exterior do corpo com uma massagem com óleo, como foi descrito, simultaneamente com a ingestão de gordura em quantidade dependente da sua capacidade digestiva. A dose média recomendada é de uma a duas colheres (sopa) de ghee dissolvida em leite quente e doce por três dias na hora de se deitar. A fomentação (fricção medicamentosa), ou processo de sudorese, é realizada duas vezes, primeiro em um banho turco (fomentação úmida) e, no dia seguinte, em uma sauna (fomentação seca) ou, se você mora em um local de clima quente, em um solário. Após suar, cubra-se com um cobertor e evite a exposição ao ar. Quando o corpo estiver seco, tome uma chuveirada quente. (Se você não dispuser do banho turco nem da sauna, poderá tomar um banho bem quente em banheira com uma ou duas gotas de óleo de tomilho ou endro, depois vista um roupão e deite-se em uma cama aquecida. O óleo essencial de tomilho queimará a pele se forem adicionadas mais do que três gotas ao banho.) As práticas de limpeza adiante são feitas após essa preparação.

---

[12] Para detalhes eficazes de práticas de limpeza interna, consultar o livro de minha autoria *Programming Your Life with Ayurveda*.

Eméticos:[13] Esse processo envolve o vômito voluntário após ter ingerido um líquido prescrito. Um dos métodos consiste em ingerir cerca de um litro de chá de alcaçuz com uma colher (chá) de cristais de sal ou caldo de carne ou de vegetais, e provocar a regurgitação estimulando a parte mais profunda da sua garganta e inclinando-se em um ângulo de cerca de 45° quando sentir a ânsia; você não deve provocar mais de oito vezes seguidas.

Purgação: Beba uma forte mistura de ervas purgativas (não-oleosa) antes de ir deitar à noite, provocando uma evacuação completa no dia seguinte. Temos aqui alguns exemplos de purgativos:

1. Três ou quatro figos (*Ficus catica*) com um pouco de água ou leite quente antes de ir para a cama.
2. Cerca de 5g de sementes de linhaça em pó com um pouco de água ou leite quente antes de ir para a cama.
3. Tome meia colher (chá) de folhas de sene (*Cassia augustifolia*) secas e em pó. Engula com água antes de ir se deitar.
4. A polpa dos frutos da *Cassia fistula* é um purgante muito eficaz. Tome cerca de 12cm da vagem. Amasse, ferva em 150mL (3/4 de xícara) de água por cinco minutos. Extraia a polpa filtrando e beba o suco morno antes de ir para a cama.

As fezes líquidas expelidas em cinco ou sete vezes equivalem a uma boa purgação. Esse tratamento revitaliza as funções do fígado e ajuda a curar problemas de pele.

Os dois enemas: Primeiro, um enema untuoso é feito com 240mL (uma xícara) de uma solução que contenha 160mL (5/8 de xícara) de leite e 27mL (1/8 de xícara) de mel, de ghee e de óleo de gergelim. Tente manter esse líquido dentro do seu corpo por várias horas. Prepare o enema com ervas no dia seguinte com um cozimento de camomila, anis, verbena, absinto ou tomilho, dependendo da sua constituição básica. (A

---

[13] Embora seja um componente utilizado pela Ayurveda há séculos, muitos médicos ocidentais não se sentem confortáveis para indicá-lo, talvez em virtude da prevalência de distúrbios alimentares. Não realize esse ou nenhum dos procedimentos indicados neste livro sem antes consultar um profissional qualificado

camomila é boa para todas as constituições, enquanto anis e verbena são bons para *vata*, absinto, para *pitta*, e tomilho para pessoas com predomínio de *kapha*. Se não houver nenhuma dessas ervas disponíveis, utilize água ligeiramente salgada.) Deite-se sobre seu lado esquerdo e com a perna esquerda dobrada, e insira pelo ânus usando uma bolsa para enema o líquido morno, na temperatura que você geralmente utiliza no chuveiro. Permaneça deitada em posição relaxada por alguns instantes e depois caminhe calmamente pelo tempo que conseguir reter o líquido dentro do corpo. Repouse após a evacuação e coma alimentos quentes e leves – sopa, arroz adoçado ou vegetais cozidos.

Purificação do trato urinário: Você pode purificar o sistema urinário tomando um forte diurético e ingerindo muito líquido. Chás de ervas diuréticas geralmente vendidas para infecções renais ou da bexiga podem ser utilizados com esse propósito. Sugiro sais de cevada, ou você pode perguntar ao farmacêutico. Mantenha aquecido e ingira bastante enquanto durar o tratamento. Siga uma dieta quente e líquida depois.

Purificação do sangue: Produtos como feno-grego, agrião-de-jardim, coentro, endro, manjericão, cúrcuma e alho são purificadores naturais do sangue. O tratamento pode consistir em tomar uma colher (chá) de uma mistura feita de porções iguais de cada uma das ervas mencionadas (exceto o alho) sob a forma de pó e ingerir com água todos os dias por um período de duas semanas.

3. O equilíbrio das três energias vitais aumenta o *ojas* e, portanto, o vigor sexual.

Quando *vata*, *pitta* e *kapha* estão em equilíbrio, você permanece saudável e o seu *ojas* aumenta. Como visto anteriormente, *ojas* é a vitalidade do corpo e sua capacidade de se defender dos ataques externos. Maior vitalidade também significa maior vigor sexual. Além disso, seu desejo aumenta e você fica mais atraente e capaz de desfrutar da sexualidade intensa e profundamente.

4. Homens e mulheres devem desenvolver seu poder físico.

As mulheres, assim como os homens, precisam desenvolver a força física para a realização da experiência sexual. Muitas vezes, força e virilidade estão associadas ao homem, pois supõe-se que eles "satisfaçam sexualmente" suas parceiras femininas. A mera satisfação sexual é uma experiência muito superficial e não representa a intensidade e a profundidade do seu potencial. É agradável, provê um contentamento momentâneo, mas não promove o envolvimento de cada poro do seu corpo, enquanto a intensidade pode tocar as profundezas da sua mente e a conduzirá a um estado de conscientização pura. Esse estado é possível somente quando a mulher é igualmente ativa – ela não é somente conduzida, mas também conduz. Durante a união sexual, prazer e alegria formam uma cadeia de ações e reações. A participação ativa e adequada de um promove o ímpeto no outro, e assim por diante.

5. Uma massagem regular no corpo aumenta a sensibilidade tátil.

Uma massagem regular no corpo deixa a pele suave e sensível. É uma boa idéia massagear-se uma vez por semana e impregnar seu corpo com ungüentos. Use ghee, óleo morno de coco ou de gergelim: aplique-o até que a pele não o absorva mais. Remova o excesso com uma toalha quente e úmida e tome um banho somente após algumas horas ou no dia seguinte. Se forem repetidas habitualmente, as massagens deixarão sua pele vigorosa e macia e aumentarão o prazer sensual.

De vez em quando, uma massagem profissional também é uma experiência bem-vinda. Contudo, o mais eficaz é a troca da massagem entre os parceiros, aprendida adequadamente e repetida sistematicamente.

6. Um odor corporal agradável aumenta a atração.

Um odor corporal forte ou desagradável pode ser impedimento para a expressão sexual. Algumas pessoas disfarçam seu odor pessoal com perfumes e águas-de-colônia. Isso pode suprimi-lo, mas também se mistura ao forte cheiro natural, fazendo surgir outro peculiar, que poderá ser um inconveniente ainda maior. Aconselho a lidar com esse problema no nível básico; além disso, um odor natural agradável age por si só como um afrodisíaco.

Costumam ser as pessoas com predomínio ou desequilibrio de *pitta* as que liberam o odor forte de seus corpos. Elas suam muito e, em geral, têm pele oleosa. Deve-se pacificar essa energia por meio de uma purgação (uma das práticas de limpeza) e, depois, iniciar uma dieta para balanceá-la ingerindo alimentos como arroz, leite frio, hortaliças e saladas, pratos frescos com trigo e outros. Deve-se comer menos carne, batatas, alho e outros alimentos de odor forte. Se ingerir alimentos ou condimentos fortes, podem mastigar cardamomos, anis ou noz de betel (a noz da palmeira *areca*).

Unte ocasionalmente seu corpo com pasta de sândalo ou argila. Isso poderá curar o *pitta* elevado. A argila limpa o corpo inteiro, assim como o sândalo, que tambem perfuma a pele. Esse procedimento ajuda a acabar com várias toxinas da pele.

Algumas pessoas não percebem que têm um odor forte, pois se acostumaram a ele. Fazem a higiene diária, mas nem sempre mudam a roupa. Qualquer que seja o caso, não hesite em conversar sobre o problema com seu parceiro para encontrar uma solução. Nenhum afrodisíaco pode ser eficaz antes que os anafrodisíacos (atos ou substâncias que diminuem o desejo, a energia e o vigor sexual) sejam removidos. Para mais esclarecimentos sobre anafrodisíacos, veja a Parte X deste livro.

Poder Físico e Sexualidade

7. Esforce-se para aumentar sua capacidade sensual.

A sexualidade envolve total imersão de todos os cinco sentidos. Por isso, se você aumentar o poder dos sentidos com um esforço consciente, poderá intensificar a experiência sexual. Uma mente tranqüila e a perseverança trarão lentamente a recompensa. Incrementar o poder dos sentidos significa despertar a capacidade adormecida, aguçar sua sensibilidade e desenvolver a harmonia com seu ser interior. Para ilustrar essa idéia, gostaria de citar alguns belos mantras do *Rig Veda* {I (3), 25-27}.

> *Que todo o seu grupo de órgãos dos sentidos, que sustentam a vida humana, doadores de ricas recompensas e confiança, funcionem perfeitamente em consonância com o ser interno – a alma.*
>
> Que os seus sentidos que se movem rapidamente, doadores de felicidade, tragam a perfeição funcional, assim como os raios de sol trazem gentilmente a luz do dia.
>
> Que todos os seus órgãos dos sentidos estejam livres da decadência. Que estejam repletos das atividades cognitivas e livres da malícia. Eles são capazes de receber e transmitir os raios do conhecimento divino. Que eles sejam nutridos por completo.

Você pode se esforçar para aumentar sua sensação olfativa reconhecendo conscientemente vários odores que o universo oferece. Inspire profundamente junto a determinada flor ou especiaria e mantenha o ar dentro de si, fechando as narinas. Concentre-se no odor e depois expire lentamente. Faça isso várias vezes com cada odor que encontrar: uma floresta de pinheiros, terra molhada, o mar etc.

Um olfato sensível ajuda a estabelecer uma relação distinta com as diferentes partes do corpo do seu parceiro e lhe deixará consciente dos odores do seu próprio organismo. Você perceberá que os cheiros corporais variam nas diferentes etapas do ciclo menstrual, e que eles também mudam de acordo com as estações do ano e com os alimentos que você ingere. Alimentos de odor forte produzem em seu corpo fragrâncias exaladas principalmente pela transpiração, pelas axilas e, no caso das mulheres, também pela vagina.

Desenvolva uma sensibilidade aos vários sabores no cosmo. Não rejeite os novos, desconhecidos e exóticos sem prová-los. Os sentidos do paladar e do olfato estão intimamente associados tanto no ato de comer quanto na experiência sexual.

Tente desenvolver uma voz melodiosa e aguce sua capacidade auditiva. Ouça os sons naturais dos pássaros, da água e do vento: concentre-se neles e tente reconhecê-los. Estude música, aprenda a cantar e conheça línguas diferentes.

Com o poder da visão, aprenda a observar o universo sempre em mudança em suas diversas formas e matizes. Repare em tudo minuciosa e integralmente. Não passe pelas árvores que crescem ao longo das ruas sem observar as mudanças das estações. Observe com cuidado os brotos em crescimento e os botões desabrochando.

Desenvolver o poder dos sentidos não somente intensificará a experiência sexual, como também a enriquecerá em todos os caminhos da vida.

8. Um corpo flexível aumenta a graça, a saúde e a habilidade sexual.

Relaxar o corpo no nível físico e deixá-lo flexível depende do seu estado mental. A mente tensa, preocupada ou inquieta enrijece o corpo imediatamente.

O primeiro passo para obter a flexibilidade é se certificar, ao longo de todo o dia, de que você não está sentada em uma postura tensa ou rígida. As pessoas em geral mantêm ombros, coluna vertebral ou abdome tensos. Práticas regulares de ioga serão particularmente úteis.[14] É importante que todas as suas juntas sejam flexíveis, incluindo tornozelos, joelhos, quadris, pulsos e cotovelos.

Nossa coluna vertebral, que protege a medula, é uma parte extremamente flexível do corpo. A maioria das pessoas prejudica sua beleza e capacidade física ao mantê-la rígida. Você deve aprender a não se limitar a um espaço, mas a se expandir com movimentos flexíveis como os da água

---

[14] Para uma iniciação nas práticas básicas do ioga, consulte o livro de minha autoria *Yoga, A Natural Way of Being*.

corrente ou de uma cobra serpeante. Esses gestos são benéficos para a saúde em geral, deixam você elegante e ajudam a prolongar e intensificar a experiência sexual. Podem ser realizados sentando-se de pernas cruzadas e, depois, inclinando para a frente e para trás tanto quanto for possível. Da mesma forma, você deve aprender a fazer movimentos giratórios a partir da base de sua coluna vertebral. Esses movimentos poderão então ser usados nas diferentes posturas do ato sexual.

Os esforços para tornar o corpo flexível e elegante não somente aumentam o prazer sexual, como também revelam diferentes dimensões interligadas do nosso ser. A sexualidade é somente uma parte da nossa existência multifacetada e entrelaçada com os outros seres.

9. Desenvolva a capacidade de se manter em uma postura por intermédio das práticas do ioga.

As posturas iogues, ou *yogasanas*, ajudam a aumentar a concentração da mente, a autodisciplina e a flexibilidade, e revitalizam as partes interna e externa do corpo. Determinadas posturas são especificamente sugeridas para as mulheres a fim de renovar o útero e reforçar os músculos da vagina.

Em geral, a capacidade de permanecer sentada por algum tempo em determinada postura a ajudará a realizar diversas posições durante o ato sexual. As variações possibilitam a experiência de níveis diferentes de sensibilidades na sexualidade. Entretanto, essa experiência sexual mais profunda somente é possível se o parceiro tiver a mesma maestria tanto sobre seu corpo quanto sobre a mente. Uma pessoa com um corpo rígido e um estado mental inquieto pode se revelar desapontadora na totalidade da experiência. Portanto, certifique-se de que seu parceiro é igualmente treinado nessas práticas. Em geral, as mulheres são mais propensas a aprendê-las do que os homens. Se o seu parceiro não se sentir interessado, tente iniciá-lo lentamente, demonstrando os resultados positivos do seu novo conhecimento.

EXERCÍCIOS E POSTURAS DO IOGA

Instruções gerais para as práticas do ioga

Pratique as posturas iogues com estômago e bexiga vazios, estando ao ar livre ou próximo a uma janela aberta, em um ambiente tranqüilo. Use roupas folgadas, ou de malha, e um cobertor, tapete ou esteira sobre o chão.

Antes de iniciar as práticas de ioga, coloque-se em um estado calmo e solto. Sente-se e relaxe as diferentes partes do seu corpo. Respire profundamente, inalando com calma e suavidade e, após uma pequena pausa, exalando da mesma maneira.

Vários desses exercícios e posturas não fazem parte do ioga clássico. Por meio de minhas pesquisas, criei novos exercícios e posições (*yogasanas*) que são particularmente benéficos para a troca da energia sexual e da realização sexual de ambos os parceiros.

Rejuvenescimento dos músculos vaginais

Deite-se de costas, coloque os seus braços para cima e cruze-os (Figura 6). Mantenhas as pernas afastadas a uma distância de cerca de 30cm. Relaxe por completo. Concentre-se no seu corpo, em sua forma e aparência. Respire conscientemente e de modo rítmico. Foque sua atenção na sua cavidade vaginal. Contraia e relaxe os músculos vaginais várias vezes. Após algum tempo, coordene a atividade muscular com a sua respiração. Contraia enquanto inala. Mantenha os músculos contraídos enquanto retém a inspiração. Então, relaxe-os enquanto exala. Após repetir várias vezes, faça uma pausa enquanto respira normalmente algu-

Figura 6

mas vezes, e depois repita, mas dessa vez aumentando o espaço entre as pernas, o máximo que conseguir. É mais difícil mexer os músculos vaginais nessa postura.

Benefícios: Também recomendo a repetição desse exercício durante as várias posturas sentadas descritas adiante. Ele reforça e aumenta a sensibilidade dos músculos vaginais, bem como o prazer durante o ato. Também evita que a abertura vaginal se estenda, por isso é especialmente recomendado após o parto.

Postura da pedra

Sente-se com as pernas dobradas de modo que seu quadril fique sobre os seus calcanhares, e lentamente mova as pernas para os lados, até que seu cóccix esteja sobre o chão. Coloque as mãos sobre os joelhos (Figura 7). Respire lenta e suavemente. No começo, sente-se pelo tempo em que se sentir confortável, depois aumente gradativamente esse período. Quando se acostumar com a postura, sente-se dessa maneira de vez em quando, para fortalecer o corpo. Você também poderá realizar os exercícios para os músculos vaginais e praticar o *pranayama* (respiração concentrada).

Figura 7

Benefícios: Como o nome sugere, essa *asana* deixa o corpo forte e estável e proporciona uma postura ereta para a coluna e para os ombros. Ajuda a prevenir as hemorróidas, reforça os músculos da coxa e as articulações dos calcanhares e proporciona flexibilidade às articulações pélvicas e aos joelhos.

Postura angular na posição ereta

Sente-se direto sobre o chão com as pernas esticadas e as mãos sobre as coxas. Certifique-se de que ombros e costas não estejam inclinados. Lentamente, separe as pernas tanto quanto puder, incline-se para a frente e estique os braços para tocar os pés com as mãos. Incline as costas o máximo que conseguir (Figura 8). Se o seu corpo for flexível, incline-se para tocar o chão com a testa.

Benefícios: Essa *asana* deixa as articulações pélvicas flexíveis e pode facilitar o parto. Age da mesma forma no útero, deixando mais espaço para o feto. É uma boa postura para o período da pré-concepção.

Figura 8

Postura angular sentada com os joelhos dobrados

Esse exercício deve ser feito após o anterior.

Endireite as costas e junte as pernas unindo as solas dos pés; os joelhos ficarão dobrados. Mantenha os pés juntos segurando-os com ambas as mãos e aproxime-os o máximo possível, puxando-os para você. Os joelhos deverão permanecer o mais junto do chão possível (Figura 9). Nessa postura, libere toda a tensão do seu corpo. Permaneça sentada enquanto se sentir confortável. Aumente gradativamente o tempo nas vezes subseqüentes.

Figura 9

Benefícios: Essa postura trabalha as juntas pélvicas sob um ângulo diferente do anterior. Revitaliza também os músculos abdominais, incluindo os do sistema urogenital. É também uma boa *asana* pré-gravidez.

Postura angular durante a postura de corpo inteiro

Deite-se de costas com as pernas juntas e os braços ao lado do corpo. Deixe o corpo relaxar e suavemente comece a levantar as pernas. Quando elas estiverem em ângulo reto com o corpo, faça uma pequena pausa e puxe-as em direção à cabeça. Sua cintura ficará ligeiramente levantada. Coloque ambas as mãos nas costas para fornecer apoio enquanto você levanta todo o corpo. Quando ele estiver em linha reta e todo o seu peso apoiado no pescoço, ombros e nuca, você estará na postura de corpo inteiro. Afaste as pernas o máximo que conseguir. A respiração deve ser lenta e curta nessa posição.

Devagar, comece a juntar os pés, de modo que as plantas se toquem (Figura 10). Abaixe os pés unidos e permaneça nessa posição por alguns segundos (Figura 11). Repita esses movimentos para cima e para baixo várias vezes.

Algumas de vocês podem experimentar a liberação do ar da cavidade uterina ao assumir essa postura e fazer os movimentos para cima e para baixo. Tente contrair os músculos vaginais, se conseguir. A respiração seguirá o ritmo automaticamente.

Figura 10

Aviso: Pessoas com problemas cervicais ou lesões de qualquer tipo nas costas não devem tentar essa postura.

Benefícios: Essa *asana* é benéfica ao corpo inteiro. Revitaliza especialmente a região uterina e deixa as articulações pélvicas flexíveis, facilitando o parto. É mais uma *asana* aconselhável para o período antes da concepção.

Figura 11

Movimento abdominal

Deite de costas com as mãos ligeiramente afastadas do corpo. Dobre as pernas, de modo que as solas dos pés toquem o chão. Concentre-se na sua área abdominal e mova os músculos abdominais para cima e para baixo. A retração força sua expiração. Certifique-se de mover somente os músculos abdominais, sem mexer o restante do corpo. Repita cinco ou dez vezes com uma pausa de duas ou três respirações a cada vez.

Benefícios: Esse exercício revitaliza os órgãos urogenitais, regulando suas funções. Também tem efeito afrodisíaco.

Movimentos do joelho

Deite-se sobre o seu estômago e afaste um pouco as pernas e os braços. Com a perna direita suspensa do joelho para baixo, faça movimentos circulares lentos (Figura 12). Sincronize uma rotação com uma respiração. Posicione o calcanhar de um pé perto do quadril e comece a fazer círculos enquanto inspira profundamente. Coordene o movimento, de modo a completar o círculo ao mesmo tempo em que acabar de expirar. Depois faça o mesmo com a outra perna. Repita o processo tanto em sentido horário quanto no inverso.

Benefícios: Esses círculos no ar fortalecem as articulações do joelho e os músculos inferiores das costas, o que a auxilia a usar os pés durante a atividade sexual.

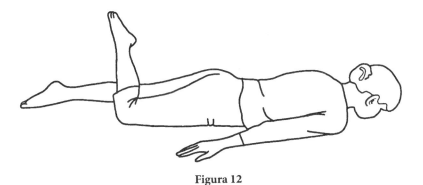

Figura 12

Postura com o corpo todo dobrado

Figura 13

Coloque-se na postura de corpo inteiro descrita anteriormente. Dobre as pernas e abaixe os joelhos, de modo que fiquem um de cada lado do seu rosto (Figura 13). Aumente gradativamente o tempo em que você permanece nessa postura.

Benefícios: Essa postura favorece o corpo inteiro e deixa a coluna flexível. Se você desenvolver a capacidade de permanecer assim por bastante tempo, poderá usá-la durante o ato sexual.

Postura da rã

Sente-se na postura da pedra, descrita anteriormente. Incline-se para a frente, coloque os antebraços no chão e repouse a cabeça entre eles (Figuras 14 e 15). Tente contrair os músculos vaginais e faça movimentos para

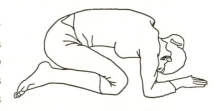

Figura 14

cima e para baixo com a coluna ao mesmo tempo. Tenha cuidado para assumir a postura correta – a força que você está utilizando deve vir das costas. A posição das mãos, dos pés e dos ombros deve permanecer inalterada.

Benefícios: Essa postura deixa todas as articulações do corpo flexíveis. É também uma posição útil para o ato sexual.

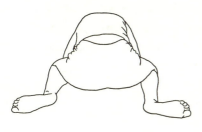

Figura 15

Movimentos da articulação pélvica

1. Deite-se de costas e afaste as pernas. Levante suavemente uma das pernas o máximo que conseguir, sem dobrar o joelho, e faça círculos no ar com ela (Figura 16), tanto no sentido horário quanto no inverso.

Aviso: Esse exercício requer enorme quantidade de força, por isso não o repita mais do que três ou quatro vezes.

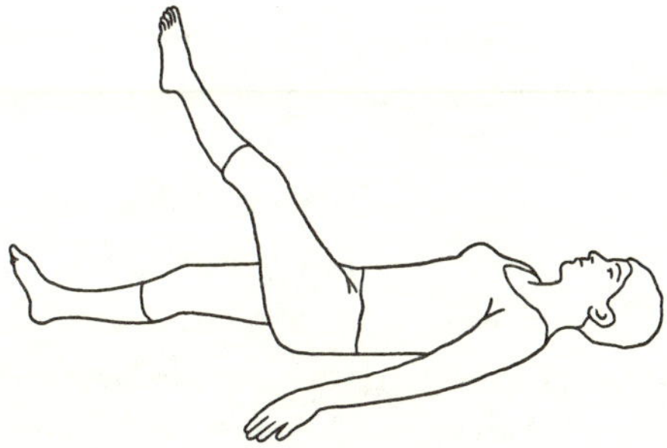

Benefícios: Esse exercício da articulação pélvica aumenta a flexibilidade e pode ser útil tanto no pré-natal quanto após o parto, e também para várias posições durante a atividade sexual. Ajuda a firmar os músculos abdominais e revitaliza todo o abdome e o intestino grosso.

Figura 16

2. Levante a perna como foi descrito e, depois, dobre-a a partir da articulação pélvica, de modo que seu pé toque o solo do outro lado do corpo (Figura 17). Se você levantou a perna direita, ela deve dobrar para o lado esquerdo, passando por cima da perna e do braço esquerdos. Repita com a outra perna.

Figura 17

Benefícios: Essa posição reforça os músculos abdominais e os lombares inferiores e laterais. Deixa as articulações pélvicas flexíveis a partir de outro ângulo e prepara o corpo para mais uma posição durante o ato sexual.

3. Esse exercício é quase igual ao anterior, e traz os mesmos benefícios. Nesse, você dobra o joelho e toca o chão no lado oposto com a sola do seu pé (Figura 18).

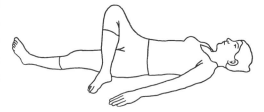

Figura 18

4. Deite-se de costas com as pernas ligeiramente afastadas e os braços ao lado do corpo. Empurre a perna direita para baixo sem levantá-la. Nesse processo, a perna esquerda se retrairá ligeiramente. Tenha cuidado para não dobrar o joelho esquerdo. Repita o movimento com a outra perna. Continue alternando, com ritmos diferentes. Durante o exercício, as pernas, especialmente os calcanhares, esfregarão o chão, e os movimentos serão feitos a partir das articulações pélvicas. A parte superior do corpo não deve se mover.

Benefícios: Além de reforçar as articulações pélvicas e revitalizar a vagina e o útero, os movimentos aumentarão o desejo sexual e poderão ser utilizados durante o ato sexual.

Postura ziguezague

Figura 19

Ajoelhe-se e incline-se para a frente até tocar o chão com a parte dianteira da cabeça. Nessa posição, estique ambos os braços para cima e entrelace as mãos (Figura 19). Dessa forma, o peso do seu corpo fica sobre os dedos dos pés, joelhos e parte dianteira da cabeça. Gradualmente, desenvolva a capacidade de permanecer mais tempo nessa postura.

Benefícios: Essa *asana* deixa todas as articulações flexíveis e aumenta a capacidade do corpo de realizar várias posturas sexuais.

Postura do broto

Figura 20

Deite-se de costas em posição relaxada e dobre as pernas de modo que as coxas toquem o abdome e os joelhos fiquem próximos dos seios. A parte das pernas abaixo dos joelhos permanece esticada. Coloque os braços em torno dos joelhos e una as mãos (Figura 20). Isso pressionará as pernas contra o peito e alargará temporariamente sua cavidade vaginal. Nessa posição, a forma do corpo lembra um broto, ou rebento, daí o nome que lhe dei (*ankurasana* em sânscrito).

Benefícios: Essa *asana* revitaliza todo o corpo, sendo útil para várias posturas sexuais.

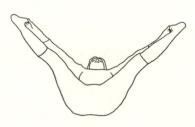

Figura 21

Postura da flor

Deite-se de costas em posição relaxada com as mãos ligeiramente afastadas do corpo. Levante as pernas bem lentamente e, depois, afaste-as o máximo que conseguir, sem dobrar os joelhos. Agarre os dedos dos pés com as mãos (Figura 21).

Benefícios: Essa *asana* reforça os músculos abdominais e deixa as articulações peitorais e pélvicas flexíveis. É mais uma boa posição para o ato sexual.

Postura cabeça – dedo do pé (*Nakha-shikhasana*, em sânscrito)

Chamei essa posição de *nakha-shikhasana*, pois envolve tocar a testa com o dedo grande do pé. Fique de pé e relaxe. Levante o pé direito e traga-o para cima segurando com ambas as mãos. Incline um pouco a cabeça e toque com o dedo grande do pé o centro da testa (Figura 22). Após uma pequena pausa, faça o mesmo com o outro pé.

Figura 22

Aviso: Esta posição é difícil e requer um corpo bem flexível. Não se force. Você precisará treinar outros exercícios iogues antes de conseguir realizar este.

Benefícios: Esta posição favorece a prática de se equilibrar em um pé enquanto dobra o corpo. Ajuda em todas as posições sexuais de pé.

Movimentos da coluna

1. Sente-se de pernas cruzadas, coloque as mãos sobre os joelhos e faça movimentos circulares lentos e contínuos com o corpo a partir da

Figura 23   **Figura 24**   **Figura 25**

Poder Físico e Sexualidade

base da coluna vertebral (Figuras 23-25). O corpo inteiro deve se mexer em conjunto – em outras palavras, quando você fizer um movimento para trás, não dê apoio a partir da cintura. A parte superior da coluna vertebral permanece reta. Os movimentos devem ser no sentido horário e no anti-horário, fazendo os círculos mais amplos que conseguir.

2. Com a cintura, faça movimentos circulares semelhantes, porém de pé. Coloque as mãos uma de cada lado da cintura e mova a parte superior do corpo em círculos, o mais amplo possível em ambas as direções, lenta e continuamente (Figura 26).

3. Sente-se com as pernas cruzadas, coloque as mãos sobre os joelhos e relaxe. Estique bem as costas, como se estivesse se erguendo com a ajuda da coluna vertebral e dos músculos das costas. Desfaça lentamente a tensão e relaxe. Faça o mesmo estiramento em um padrão de ziguezague, como uma cobra.

Figura 26

4. Levante-se com os pés ligeiramente afastados e repouse as mãos logo abaixo da cintura. Olhe para trás girando a cintura (Figura 27). Não altere a posição dos pés nem da pélvis. Repita para o outro lado.

5. Fique de pé, como descrito anteriormente. Faça movimentos circulares com a região pélvica. Pés e ombros não devem se mover – somente as regiões abaixo da cintura e acima das coxas.

Figura 27

Nota: Sempre que houver movimentos circulares envolvidos em qualquer exercício você deve tentar realizá-los no sentido horário e no inverso, em círculos de vários tamanhos ou em espirais.

> *Benefícios:* Todos esses movimentos ajudam a coluna vertebral a permanecer flexível e revitalizam os músculos das costas. Ajudam a pessoa em vários movimentos durante o ato sexual.

10. A prática do *pranayama* aumenta a intensidade sexual.

O *prana* é a energia vital que permeia tudo, inclusive o ar que respiramos. Ele forma um elo entre o corpo e a alma. O corpo é a realidade material do nosso ser, enquanto a alma, o agente da consciência. Quando a respiração é interrompida, ambos se separam, ocorrendo a morte. O processo respiratório controlado facilita o controle das atividades da mente.

Os exercícios de *pranayama* incluem vários tipos diferentes de respiração. O *pranayama* consiste em uma das oito práticas iogues. Envolve a desaceleração do ritmo respiratório, prolongando a inspiração e a expiração e estendendo a pausa central da retenção do ar. O processo expande a energia vital, aumenta a vitalidade geral do corpo e melhora a concentração da mente.

Uma prática regular do *pranayama* aumenta o vigor, a energia sexual, o controle do impulso e o poder da retenção. Ajuda a atingir um estado pacífico de mente e regula a energia vital no corpo. A mulher grávida deve guiar seu sopro vital para o bem-estar do bebê em desenvolvimento. O *prana* também pode ser utilizado para a cura.

Durante o ato sexual, do início ao fim, ocorrem níveis diferentes de respiração. Quando cessam os movimentos, o sopro vital é retido bem no interior, onde permanece por um momento. Com a expiração, vem o período de beatitude sexual. Os exercícios de *pranayama* ajudam a prolongar esse momento, estendendo-o para uma experiência espiritual e fornecendo a capacidade de utilizar a energia sexual com propósitos diferentes. Em outras palavras, a prática do *pranayama* intensifica cada uma das etapas que conduzem à realização sexual e à felicidade.

EXERCÍCIOS RESPIRATÓRIOS OU *PRANAYAMA*

Como iniciação para a prática do *pranayama* simplesmente comece respirando de modo consciente. Inspire bem lenta e suavemente, e disperse a energia vital pelo corpo. Deixe que ela flua desde a ponta dos dedos dos pés e das mãos. Após pequena pausa, expire da mesma maneira lenta e suave. Depois de algumas respirações, repita o exercício guiando o sopro vital para as partes superiores do seu corpo. Sinta a energia vital circulando na sua cabeça, na região dos olhos, das orelhas, da boca e do nariz, e expire devagar após ligeira pausa. Na terceira etapa, guie a energia vital para a superfície externa do seu corpo e sinta-a em cada parte de sua pele. Repita cada uma das três práticas por três ou quatro respirações para revitalizar o corpo, a mente e os cinco sentidos. Essa prática simples pode ser realizada sempre que houver uma pausa no seu trabalho.

A seguir, estão alguns exercícios que você pode aprender por conta própria. Após dominar as técnicas, aplique-as para controlar as atividades da sua mente.

1. Sente-se em uma posição confortável, preferivelmente com as pernas cruzadas. Coloque as mãos sobre os joelhos. Relaxe, endireite a coluna e feche os olhos. Inspire bem lenta e suavemente e concentre-se na energia do *prana* que está levando para dentro de você. Quando tiver inspirado o suficiente, feche as narinas com o polegar e o dedo anelar da mão direita. Mantenha-as fechadas pelo tempo que conseguir, sem esforço, depois solte-as, trazendo a mão para a posição original, e expire, também lenta e suavemente. No começo, o ar poderá ser expelido com grande força; mas, com a prática constante, você adquirirá o controle necessário. Quando o ar tiver sido expelido por completo, feche as narinas com a mão esquerda, e mantenha os pulmões vazios pelo tempo que conseguir, sem esforço. Solte os dedos e inspire de novo lentamente. No começo, poderá achar difícil, mas, com a prática regular, o tempo de cada etapa aumentará e você conseguirá realizar todas as etapas espontaneamente.

2. O *pranayama* é útil para a purificação dos dois canais principais que correm um de cada lado da coluna. Nesse caso, você usa somente uma narina de cada vez, mantendo a outra fechada. Após assumir a postura para o *pranayama* como foi descrito, feche sua narina esquerda com o polegar esquerdo e inspire lenta e suavemente pela narina direita. Depois feche também a narina direita com o dedo anelar e, após algum tempo, expire, retirando o dedo. Feche novamente essa narina e mantenha os pulmões vazios por um momento. O processo limpa o canal solar localizado do lado direito. Repita de oito a dez vezes. Faça o mesmo com a narina esquerda para limpar o canal lunar.

3. Essa etapa envolve a circulação da energia do *prana* tanto pelo canal solar quanto pelo lunar, e deve ser realizada após a purificação dos canais individuais, como foi descrito anteriormente. Inspire pela narina direita fechando a esquerda com a mão esquerda. Feche a narina direita também após a inspiração. Após algum tempo, tire o polegar da narina esquerda e expire lenta e suavemente. Feche essa narina após todo o ar ter sido expelido. Agora inspire pela narina esquerda. Repita de oito a dez vezes.

4. Essa etapa do *pranayama* envolve a respiração acelerada. É chamada de *kapalabhati*, ou respiração da cabeça. Exerce um efeito imediato para aumentar a energia sexual. Sente-se em uma postura relaxada, como descrito anteriormente, e comece a respirar muito rapidamente, como se você tivesse acabado de correr uma longa distância. Você deve soltar o ar com força e rapidamente. Continue pelo tempo que conseguir, sem esforço. Esse exercício lhe proporcionará a sensação de resfriamento na cabeça e abrirá os canais bloqueados de energia nessa região.

Os três principais canais de energia do corpo têm significados diferentes em vários níveis. Os canais do sol e da lua significam, respectivamente, a energia masculina e a feminina. Em outro nível, significam, ação e inércia, ou *rajas* e *tamas*. O canal central entre os dois representa *sattva*: equilíbrio, beleza, verdade etc. O terceiro exercício do *pranayama* descrito anteriormente serve para atingir o equilíbrio dos canais do sol e da lua em relação à energia *sáttvica*.

Poder Físico e Sexualidade

Como os canais do sol e da lua também representam nossa existência no nível bem fundamental da realidade material, é essencial que, antes de realizar o terceiro exercício ou qualquer prática avançada de *pranayama*, se purifiquem os canais solar e lunar, como descrito no segundo exercício.

Após ter dominado as técnicas descritas do *pranayama*, você deve aprender a desenvolver a capacidade de dirigir o *prana* para determinada parte do corpo. Terá de praticar regularmente duas vezes ao dia – após levantar e antes de ir se deitar. A cada semana, escolha uma parte do seu corpo para a qual deseja direcionar a energia do *prana*. Concentre-se naquela parte em particular antes de iniciar a prática. Depois inspire lentamente, como se estivesse levando o sopro vital para aquela parte. Enquanto o ar estiver dentro de você, com as narinas fechadas, faça com que circule naquela parte, e depois expire lentamente. Você sentirá calor na parte para a qual foi direcionada a energia.

O sucesso dessa prática é possível somente se você tiver dominado a técnica principal do *pranayama*. Não se distraia pensando em qual dedo terá de soltar, de qual narina.

11. A compatibilidade é importante em todos os níveis, sendo o físico o mais básico.

A compatibilidade existe em vários níveis e envolve todos os aspectos diferentes da existência de um parceiro. A compatibilidade física – a causa da atração – está na raiz da experiência sexual. Você pode ficar fascinada pelo intelecto ou pela sabedoria de alguém, mas, se ele não a atrair fisicamente, naturalmente você não desejará ter nenhum contato corporal com ele. Não estou me referindo à beleza ou à feiúra física de uma pessoa, geralmente limitadas a padrões de determinada sociedade. Existem várias outras qualidades físicas atraentes ou repulsivas, como odor corporal, limpeza, modo de falar e comer etc.

Os maneirismos externos das pessoas revelam muito sobre as diferentes dimensões do ser físico. Portanto, preste bastante atenção antes de fazer a escolha. Uma boa observação a ajudará a evitar muitas complicações e poderá salvá-la de uma desilusão. Se um homem come muito rapidamente, olha com freqüência para o relógio ou se distrai com facilidade, provavelmente precisa aprender muito no campo sexual. Mesmo assim, se você o achar atraente, não espere muito no nível sexual quando iniciar um relacionamento.

Da mesma forma, alguém que é lento e precisa de muito tempo para responder a qualquer situação ou faz pausas enquanto fala também pode não ser muito promissor em termos de relacionamento sexual. Aquele que fala muito e deseja impressionar com a conversa, e nem percebe que você está cansada ou desinteressada, é basicamente inseguro, e uma relação sexual com ele pode ser complicada ou fracassada.

Busque também a compatibilidade física com a constituição fundamental do homem. A pessoa de olhos claros, pele macia e lenta para tomar decisões tem predomínio de *kapha*. Essa pessoa terá excreções sexuais abundantes, mas nem sempre haverá desejo pela união. São tipos geralmente voltados ao lar e à família e destinados ao companheirismo. O homem com predomínio de *vata* com maneiras ligeiramente inquietas e movimentos rápidos geralmente será ótimo para admirá-la e expressar grande desejo, mas poderá não ser muito bom para conversar. A pessoa com predomínio de *pitta* em geral possui a pele quente, transpira muito, e alguns exalam odor forte. Esse terá mais vigor e energia sexual do que os outros dois tipos.

Aqui termina a Parte VI de
***Kama Sutra para mulheres* sobre a relação**
entre o poder físico e a sexualidade.

Parte VII

Poder Mental e Sexualidade

संतवा भाग
मानसिक शक्ति का काम से सम्बन्ध

Aquele que devora o mundo
é chamado de Kama.
Dá com uma das mãos e tira com a outra,
tem muita inteligência e força.
Está sempre em movimento, sendo difícil de ser suprimido.
Tem a forma do fogo e nós oferecemos a ele nossas oblações.

Atharva Veda

1. Para uma experiência profunda de sexualidade, aumente seu poder mental.

Em alguns textos indianos antigos, a mente é considerada o sexto sentido. Ela registra o conhecimento que os sentidos percebem constantemente no mundo fenomênico. Mas vejamos primeiro o que realmente significa o poder da mente.

O verdadeiro poder do ser e agente da consciência é a alma. Ela não possui substância. É somente energia – parte da energia cósmica. A mente é o meio para atingir essa imensa fonte de energia. A mente é, por um lado, o agente do nosso envolvimento com o mundo material e, por outro, o caminho que nos conduz à energia adormecida dentro de nós. Para colocar essa idéia em palavras simples, podemos dizer que a mente possui dois aspectos – um que dá forma à percepção dos sentidos e outro que transcende os sentidos e entra em estado de estabilidade. Nesse último, a mente torna-se una com a alma e é a fonte de poder, ou *shakti*.

Mesmo durante o sono, a mente permanece ativa, com uma cadeia de pensamentos. Por meio do esforço constante e da perseverança é possível interceptar essa cadeia e trazer a mente para a estabilidade. Desenvolver essa capacidade de afastamento da mente da experiência sensual e deixá-la estável é a chave para o poder mental. O primeiro passo nessa direção é simples e pode ser tomado por meio do desenvolvimento da capacidade de concentração sobre um objeto ou símbolo. As práticas do *pranayama* facilitam o processo para atingir a concentração da mente (ver Parte VI).

Quando utilizamos o poder mental, podemos dirigir nossa energia interna para uma expressão sensual completa, que resulta em um estado de beatitude e estabilidade. Quando conseguimos o domínio sobre a mente, podemos dirigi-la para prolongar a experiência de beatitude na sexualidade.

2. Durante o ato sexual, aplique o poder da sua mente para compreender a expressão física e mental do outro.

Qualquer tipo de comunicação requer concentração da mente. Durante o ato sexual, a comunicação ocorre em vários níveis, à medida que diferentes partes do corpo interagem e todos os sentidos são envolvidos. Somente pela concentração completa da mente nos gestos, movimentos, expressões e sentimentos dos outros podemos efetivamente comunicar e aumentar a qualidade do prazer da sexualidade. A capacidade de concentração deve ser desenvolvida de maneira gradual, e você não deve achar que poderá realizá-la durante o ato sexual se não tiver conseguido exercer controle sobre a mente. Na verdade, é sempre importante nos concentrarmos naquilo que estamos fazendo para ficarmos completamente envolvidos em determinada atividade em qualquer momento. Com isso, aumentamos nossa eficiência e a capacidade em todos os campos da vida, inclusive a sexualidade. A comunicação eficaz durante as atividades sexuais coloca em ação uma cadeia de ações e reações. Se você não estiver concentrada, não poderá responder às necessidades do outro e ampliar ainda mais o prazer dele.

3. O bloqueio mental prejudica a expressão sexual.

A energia mental bloqueada também afeta a expressão sexual, e até o desejo pelo sexo. Enquanto o desejo pode provocar o início da atividade sexual, um bloqueio mental significa que não há impulso para prosseguir. Ele pode ser causado por qualquer reação emocional forte – choque, remorso, raiva, ódio, aversão, desapontamento, desgosto etc. A repressão de um desejo sexual por alguém que não se encontra acessível também pode causar bloqueio. Se o problema não for resolvido, poderá desencadear enfermidades sérias.

Diversos métodos podem ser aplicados para aliviar o bloqueio mental. No nível emocional, o choro forçado em geral o alivia. Gritar, cantar lou-

Poder Mental e Sexualidade

camente, exercícios iogues para rir,[15] ou outras formas intensas de auto-expressão – como agir ou pintar –, também podem ser eficazes.

4. É essencial desenvolver a sensação de união com o outro.

A sensação de união com o outro não é algo que se consegue por meio do pensamento racional. Este sutra não quer dizer que se deve ficar lembrando continuamente durante a união sexual que você e o seu parceiro estão imersos um no outro. A sensação de união é uma experiência que surge depois de você ter atingido a perfeita comunicação sexual, o que, por sua vez, chega somente por meio de esforços pessoais extensos e pelo desenvolvimento da capacidade de concentrar a mente em um único objeto (unidirecionada). A união da energia masculina com a feminina (*Purusha* e *Prakriti*) é a causa primordial do nosso mundo fenomênico.

5. A mente unidirecionada faz surgir o brilho e aumenta a atração.

Como já foi dito, a mente unidirecionada representa a capacidade de manter por algum tempo o estado de concentração. A força da mente cresce a partir da prática repetida do unidirecionamento, por meio de métodos iogues. Essa força nos ajuda a atingir a perfeição sexual e também nos reveste de brilho e beleza extraordinários.

A beleza não pode ser definida meramente em termos de atributos físicos de alguém. Todos nós conhecemos pessoas que são atraentes apesar do fato de, sob padrões sociais definidos, não serem consideradas bonitas. É um brilho interno que as reveste de encanto. Os atributos físicos com os quais nascemos talvez decorram de nosso carma anterior, porém cada um de nós é capaz de desenvolver a própria energia interna para adquirir o brilho da nossa fonte eterna e imutável – a alma.

---

[15] Exercícios iogues para rir são apresentados no livro *Yoga: A Natural Way of Being*, de minha autoria.

6. A energia sexual não deve ser usada em fantasias; controle sempre sua mente.

A falta de autocontrole faz a pessoa mergulhar em pensamentos sobre sexo, gastando sua energia sexual sem ter a oportunidade de expressá-la em uma ocasião apropriada. Concentre-se e vivencie sua sensualidade quando estiver agindo sexualmente. Não viva no tempo do "por vir" e não se desgaste preparando-se antecipadamente (na imaginação) para um evento que ainda não aconteceu. Pelo contrário, dedique seu tempo para desenvolver a concentração e o autocontrole que a auxiliarão a atingir a realização sexual.

É muito atraente pensar em experiências sexuais agradáveis do passado ou fantasiar sobre o futuro, porém ambas diminuem o poder da mente. A fórmula mais simples para desenvolver esse poder é permanecer completamente voltada à atividade na qual está envolvida. Se, enquanto estiver sentada no seu local de trabalho, sua mente for projetada em um grande evento que acontecerá à noite – quando irá se encontrar com o homem dos seus sonhos –, você não somente será ineficiente no seu trabalho como também diminuirá sua capacidade e a expressão sexual. Se ficar totalmente envolvida por esses pensamentos, interrompa-se conscientemente, faça alguns *pranayama*s e dirija sua concentração para o trabalho no qual está envolvida. Algumas atividades podem parecer tão mecânicas que você não precisa se concentrar nelas. Se for o caso, use esse tempo de maneira benéfica, concentrando-se em um único objeto, símbolo ou mantra da sua escolha, e desenvolva, assim, sua força mental.

O processo de conseguir uma mente livre de pensamentos não deve ficar limitado a uma única sessão de alguns minutos. Você deve sempre observar sua mente quando ela vagueia solta. Preste muita atenção na tarefa que estiver realizando ou na pessoa com quem estiver conversando. Além disso, respire fundo e concentre-se no chacra *ajna* (ver Parte VIII) por um momento antes de iniciar uma nova atividade. Ao acompanhar constantemente os trabalhos da mente, você começará a aprender a controlá-la.

Há uma categoria de pessoas que se classificam como "sexy". Muitas mulheres se vestem com roupas de tamanho reduzido, falam com voz rouca, lançam olhares ardentes ou tentam flertar de modo superficial. Os homens mostram sua mestria sexual de outras maneiras. Algumas pessoas utilizam a energia sexual para ganhar bens materiais, posição, dinheiro ou destaque. Se você faz isso, está arruinando sua energia sexual e perderá a profundidade dessa experiência no nível mental ou espiritual. Se você usa o sexo como meio para obter algo ou se envolve em um "teatro sexual", logo atingirá um estágio em que esquecerá totalmente o que significa ser genuína e espontânea.

7. Insegurança, medo e dúvida prejudicam a atração sexual e sua realização; esses sentimentos podem ser resolvidos por meio do controle mental.

Sentimentos de insegurança, medo e dúvida podem se tornar obstáculos para a realização sexual de duas maneiras. Primeiro, eles podem formar o padrão de comportamento da pessoa em todos os campos da vida. Segundo, podem surgir somente de maneira específica em relação ao parceiro.

As dúvidas internas de uma mulher, seus medos e suspeitas, diminuem sua atração, mesmo ela sendo bela. A pessoa que não é fisicamente bonita pode ser muito atraente e sedutora graças a qualidades como coragem e intrepidez, atributos que nutrem a auto-afirmação e a autoconfiança.

Medo, insegurança e dúvida são também um impedimento para a expressão sexual. Se você duvida do compromisso e da sinceridade do seu parceiro, ou teme perdê-lo, pode se ver incapaz de mergulhar por completo durante o encontro sexual. Não encoraje esses sentimentos. Verdade e honestidade devem prevalecer entre companheiros sexuais, e quaisquer dúvidas existentes precisam ser esclarecidas. Use seu poder mental, tenha coragem, fale a verdade e seja intrépida. Não é bom para a saúde nem para a comunicação sexual nutrir esses sentimentos.

Várias mulheres temem perder o encanto e a beleza com a idade. Receiam ficar velhas, e esse medo encobre a graça que a idade traz consigo.

Não dê tanta importância à beleza e à juventude. Essas não são a única riqueza que você tem. Invista no seu poder interior. Não viva em desequilíbrio. Se for abençoada com a beleza, não a perca abrigando a insegurança. Pelo contrário, aumente o poder da sua mente e viva de modo holístico para permanecer linda por muito tempo.

Por volta da menopausa, muitas mulheres ficam presas ao medo de que chegaram ao fim da juventude e entraram na velhice. Primeiro, compreenda que essa passagem é um fenômeno muito lento. A decadência é parte integrante do corpo físico; ela começa no nascimento. As crianças ficam felizes porque crescem. Após alguns anos de juventude, os adultos deixam de aproveitar o processo porque estão mais voltados para o seu ser físico e não aceitam o fenômeno eterno do tempo. Vêem-no somente a partir da duração de sua própria vida, mas esta não cessa com a morte de uma pessoa. Além disso, cada período da vida traz consigo uma riqueza de novas experiências, que carregam seu próprio encanto e beleza.

As mulheres não devem acreditar que a vida sexual diminui após os 40 anos. Pelo contrário, sinta-se enriquecida pela sabedoria que você acumulou aos 20 e 30 anos. Se achar que perdeu algo, agora é o momento de reunir coragem para buscá-lo. A época após os 40 é o momento para a realização e a reflexão. Não deixe que o medo da velhice estrague os anos mais preciosos de sua vida.

8. A idéia da permanência é ilusória; não dê atenção a ela.

A permanência é mera ilusão. O grande épico *Mahabharata* destaca que o que mais surpreende no mundo é que, embora centenas de pessoas morram a cada dia, o restante acha que permanecerá aqui para sempre. Direcione seu esforço mental para atingir essa sabedoria fundamental: nada é eterno, tudo está mudando constantemente. A tradição hindu vai ao ponto de dizer que até o mundo fenomênico encontrará a dissolução um dia, quando sua causa – a união da Alma Universal e da Substância Cósmica, *Purusha* e *Prakriti* – não existir mais.

Poder Mental e Sexualidade

Sentimentos como o medo e a insegurança surgem porque queremos acreditar em nossa própria permanência. Porém, a vida nada mais é do que a soma total das transformações que ocorrem continuamente no universo. A concepção ocorre, um embrião se desenvolve, nasce, atravessa a infância, a juventude e a velhice e, finalmente, morre. Se as coisas não mudassem, não haveria o universo fenomênico. Captar essa verdade básica da vida nos possibilita viver sem medo, mais contentes e felizes.

9. Treine para se concentrar com toda intensidade no momento presente.

Entenda este sutra dentro do contexto do anterior – que a permanência não existe no universo sempre em mutação. Com isso em mente, aprenda a estar no momento presente, e envolva-se com toda energia e força na tarefa que está realizando. Uma atitude assim requer autodisciplina, treinamento de longo prazo e perseverança. Essa visão pode trazer grande intensidade para sua vida; ela aumenta sua eficiência, produtividade e criatividade e pode trazer contentamento e paz à mente.

Use essa habilidade para estar no momento presente durante o ato sexual. As mudanças estão sempre acontecendo na comunicação, no comportamento e na intensidade sexual. Algumas pessoas continuam a glorificar o passado e lamentam "o que acabou". Nesse processo, tornam pior o relacionamento atual. Não se estenda sobre isso; pelo contrário, tente fazer o melhor no presente.

Durante o ato sexual, os sentidos, primeiro, se expressam por meio da atividade, ou *rajas*; depois, caminha-se para *tamas*, por um instante, e, então, para *sattva*, que faz surgir a experiência de beatitude momentânea. Mergulhe nessa beatitude. A prática constante do unidirecionamento da mente e a habilidade de viver no presente podem prolongar esse momento.

10. A coordenação entre a capacidade física e mental é essencial para a escolha do parceiro.

A capacidade física e mental de dois parceiros sexuais deve ser coordenada. Ninguém consegue ter uma vida realizada se cada aspecto for tratado como um fragmento distinto. Vários fatores geram atração entre duas pessoas. O companheirismo e a amizade surgem quando partilhamos valores, estilos de vida, idéias filosóficas, *hobbies*, paixões etc. A sexualidade é um tipo especial de partilhar que não pode ser separado dos outros aspectos. Ela é vivenciada nos níveis físico, mental e espiritual. Quando dois indivíduos se comunicam harmoniosamente, eles atravessam as dores e os perigos da vida juntos e se sintonizam entre si. Então, o afeto os ajuda a vivenciar a sexualidade em todas as suas dimensões.

O esforço pessoal pode auxiliar na coordenação física e mental. Mas existem limites, especialmente quando dois indivíduos estão mental ou fisicamente em pontos afastados do espectro. Deixe-me dar um exemplo.

Suponha que você é uma artista reconhecida e o homem que é seu parceiro não tem interesse por dança, pintura ou canto; seu mundo está limitado aos aspectos básicos da vida; ele acredita que uma profissão serve para ganhar dinheiro, comer e beber bem, e fazer amor nos fins de semana é suficiente para ele. Você é incapaz de partilhar com ele sua paixão artística. Apesar da boa aparência, da saúde e vitalidade, esse tipo de homem não seria compatível para uma experiência sexual profunda. Na verdade, uma jornada interior (experiência espiritual por meio da sexualidade) pode ajudar a aumentar a criatividade de um artista.

Se você é uma pessoa com espírito aventureiro e gosta de explorar o mundo, cuidado para não escolher uma pessoa dominada por *kapha*, que passa as férias ou o feriado sempre no mesmo lugar, ano após ano, e escolhe sempre o mesmo prato do cardápio. Essa pessoa não será capaz de explorar com você as diversas dimensões da sexualidade.

Muitas mulheres vivem na ilusão de que podem mudar ou moldar seus parceiros. Sem dúvida, as mulheres têm mais capacidade do que os homens para mudar alguém, graças ao seu alto nível de *sattva*. Contudo,

Poder Mental e Sexualidade

influenciar os outros meramente para satisfazer seu ego ou ter as coisas à sua maneira é algo destrutivo, tanto para você quanto para o parceiro. Usar a força da mente para uma mudança desejada pode trazer resultados positivos, mas o objetivo deve ser altruísta, não orientado pela vaidade.

A pessoa que sofre de complexos ou que acredita na divisão rígida de trabalho entre homens e mulheres também não é um parceiro apropriado para explorar a imensidão da sexualidade. Esse tipo de homem nunca evocará o eterno feminino em seu interior. Pode ter vigor sexual, mas será incapaz de satisfazê-la no plano emocional. Isso pode se tornar um impedimento na expressão sexual, e você permanecerá compartilhando apenas superficialmente.

Esses exemplos são igualmente válidos para homens na escolha da parceira. Os homens, muitas vezes, colocam mais ênfase do que as mulheres na atração física, ignorando o reino mental. Esses companheiros são irremediáveis, destinados a continuar em um nível bem superficial. Os dois esgotam a relação em poucos anos e a sexualidade acaba depois de algum tempo.

11. Respeito, simpatia, compreensão e compaixão são essenciais para abranger horizontes mais amplos da experiência sexual.

"Horizontes mais amplos da experiência sexual" significa a experiência da espiritualidade por meio da sexualidade, tema abordado na Parte XI. Para haver experiência espiritual por intermédio da sexualidade, ambos os parceiros precisam ter transcendido completamente seu ser físico e atingido o nível da consciência pura. Para isso, é necessário que estejam em completa harmonia. E a compreensão é essencial. Se duas pessoas se respeitam e têm simpatia uma pela outra, é mais fácil para elas compreender diferentes pontos de vista. Ninguém tenta impor sua opinião. Elas atingem o nível harmonioso pela compreensão. Não é gentileza ou piedade que os companheiros precisam cultivar entre si. Homem e mulher são complementares. Compaixão significa sentir a dor do outro como se fosse sua. Quando os dois companheiros conseguem atingir o nível de senti-mentos intensos um pelo outro, fica mais fácil para ambos atingir o está-gio de união durante o ato sexual.

Aqui termina a Parte VII
de *Kama Sutra para mulheres* sobre o relacionamento
entre o poder mental e a sexualidade.

Parte VIII

Atmosfera, Ritual e Sexualidade

आठवां भाग
वातावरण तथा रीतियों का काम से सम्बन्ध

Ó, senhora, assim como uma pequena palha gira no vento, agito a tua mente, para que tu comeces a me desejar e não consigas ficar longe de mim. Que esta mulher venha a mim com o desejo de ter um marido. Desejando-a, possa eu me dar completamente a ela. Venho para ela com riqueza, assim como o melhor cavalo busca sua fêmea.

Atharva Veda

1. Devido ao predomínio de *sattva* e *tamas*, as mulheres são mais lentas e gentis na sua expressão sexual.

A natureza fundamental das mulheres e dos homens é diferente. Elas tendem a ser tímidas para expressar sentimentos e desejos, e hesitantes para revelar o corpo. A construção gradual e romântica da atmosfera sexual reforça o desejo e prepara os dois para uma expressão profunda e intensa. Elas precisam ter confiança e segurança, sendo necessário tempo para que cheguem ao ápice da atividade sexual.[16]

As mulheres não devem negar essa parte do seu ser. Não devem se permitir serem forçadas a nada. Em anos recentes, várias mulheres começaram a pensar que o caminho para a liberdade consistia em serem iguais aos homens, e nesse processo descartaram a timidez e a hesitação e assu-

---

[16] No *Manusmriti*, um tratado sobre um código e conduta social escrito pelo sábio Manu pouco antes da era cristã, foi citada uma idéia contrária a este sutra: "Uma mulher não examina a aparência do homem, nem observa outras circunstâncias; feio ou bonito, considerando que é um homem, ela tem prazer carnal com ele" (IX, 14).

Manu adiciona que é um fenômeno natural nas mulheres desejarem o coito assim que vêem um homem. As mulheres têm uma mente irrequieta, falta de estabilidade no amor; portanto, os homens devem ter cuidado para se proteger delas. Camas, locais confortáveis, jóias, desejos sexuais, raiva, fraudulência, malícia e mau comportamento foram feitos para a mulher pelo Criador (IX,17). O autor também acredita que a mulher adquire a personalidade boa ou má do homem com o qual é casada e se torna como ele, assim como o rio perde sua identidade após mergulhar no mar (IX, 23).

Contudo, Manu se contradiz quando afirma que as mulheres trazem sorte para os homens, são dignas de admiração porque procriam, são a luz do lar e outros aspectos (IX, 26).

Tudo isso mostra que ele não tinha uma visão clara sobre o assunto, e talvez seu tema represente sua ambivalência e o conflito pessoais.

miram a expressão rápida e direta de muitos homens. Alguns grupos organizados de movimentos feministas acreditam que a timidez e a expressão sexual lenta são características impostas socialmente, e não qualidades naturais. Por exemplo, a mulher não se comporta como homem no nível físico. O homem pode atingir o limite de sua atividade sexual bem rapidamente, com seu orgasmo, mas a mulher geralmente precisa de mais tempo. Observe isso no nível simbólico e fisiológico do óvulo e espermatozóide: o óvulo é único, grande, rico, um armazém de nutrição, de mobilidade lenta. Os espermatozóides são inúmeros, leves, rápidos e competitivos. Viajam até o óvulo. A membrana externa do óvulo é resistente, e o espermatozóide precisa perfurá-la.

O comportamento tímido da mulher é a manifestação externa de sua natureza sexual interna. Ignorar essa natureza básica, em favor de uma expressão sexual mais direta e agressiva somente cria desequilíbrio. Se as mulheres assimilarem mais *rajas*, perderão *sattva* e *tamas*. Elas serão "como homens". Um mundo unissex não seria desinteressante e enfadonho?

As mulheres podem, na verdade, se prejudicar em sua corrida para serem "iguais" aos homens. Um exemplo é que cada vez mais mulheres passaram a fumar nos últimos anos e o número de casos de câncer de pulmão entre elas aumentou drasticamente. Essas reações são contraprodutivas e abusivas.

Você deve agir, não reagir. Use seus poderes criativos para curar as doenças da sociedade. Os homens têm coisas que você não tem – constituição maior, mais força física –, e você tem algo que eles não têm – estabilidade, poder criativo e conhecimento intuitivo. Não há razão para lutar – há muito a ser apreciado um no outro!

2. Os homens são dominados por *rajas* e, portanto, se comportam de maneira diferente das mulheres.

É importante compreender que o grau desse predomínio varia de acordo com a proporção masculino-feminina específica de cada pessoa. Os homens que apresentam proporção relativamente alta do princípio feminino

Atmosfera, Ritual e Sexualidade   193

são mais lentos na expressão sexual, enquanto os que se encontram no outro extremo suplantam algumas mulheres com sua rapidez e excesso de entusiasmo. Nesse aspecto, homens e mulheres deveriam agir de comum acordo e sabedoria. Primeiro, tente conhecer a si mesma e, depois, observe os outros objetivamente.

3. Um começo gentil e paciência são essenciais para a harmonia e a intensidade na experiência sexual.

A qualidade da paciência está sendo perdida com o avanço da tecnologia e da industrialização. A cultura do *fast-food* transbordou para a sexualidade. As pessoas foram se esquecendo aos poucos dos costumes e rituais significativos do passado que lhe trouxeram conscientização, e aprenderam a "passar pela vida" sem realmente vivê-la.

Para a maioria dos jovens no Ocidente, estar junto *começa* pela sexualidade; a experiência lenta e firme de conhecerem um ao outro parece coisa do passado. O que aconteceu com a cultura das serenatas? A canção de George Brassens, "Les amoureux des bancs publics" (Os namorados nos bancos públicos), do início da década de 1950, parece uma lenda distante. (A letra se refere a bancos verdes ao longo das aléias de um parque, e a jovens namorados de mãos dadas nos bancos e que trocam olhares de amor e paixão e fazem planos para o futuro.)

Vários rituais que adicionam cor ao relacionamento entre homem e mulher estão se extinguindo aos poucos. Mas esses pequenos gestos, cerimônias e rituais podem nos conduzir a um entendimento da intensidade da vida nos seres humanos.

Na Índia, a antiga tradição de casamentos acertados ou organizados ainda é seguida por grande parte da sociedade. Isso significa que a sexualidade começa somente após o casamento, e o companheirismo é estabelecido apenas com o passar do tempo. Antigamente, a cerimônia do casamento costumava durar vários dias, e envolvia diversos rituais para preparar mentalmente o casal para a sexualidade. Logo após a cerimônia, realizavam-se várias outras atividades divertidas. Em geral, o casal não tinha permissão de dormir junto por alguns dias depois do casamento, embora os costumes variassem de acordo com a região.

Temos aqui uma citação de *O Kama Sutra de Vatsyayana* (III, 2) para esclarecer a visão tradicional sobre esse assunto:

> Nos primeiros três dias após o casamento, marido e mulher devem dormir no chão e se abster do intercurso (...) Nos sete dias seguintes, devem se banhar ao som de música, se enfeitar, jantar juntos e visitar seus pais e outras pessoas que estiveram no casamento (...) Na noite do décimo dia, o marido deve falar com delicadeza com a esposa, para deixá-la confiante. Deve abster-se do intercurso até ter conquistado a confiança da noiva, pois as mulheres, gentis por natureza, preferem ser tomadas com delicadeza. Se uma mulher não for bem tratada por um homem a quem pouco conhece, pode vir a odiar a sexualidade e todo o sexo masculino. Ou pode detestar seu marido em particular, e depois se voltar para outro homem.

É interessante notar como a modernidade transformou o sistema dos casamentos arranjados. A cerimônia do casamento, hoje, em geral é rápida, especialmente nas cidades. Os preparativos, de importância fisiológica e psicológica, estão diminuindo rapidamente. Tanto homens quanto mulheres, muitas vezes incapazes de realizar as expectativas um do outro, sofrem. Com nervosismo e medo, muitas mulheres mais se sujeitam ao sexo do que participam ativamente dele e desfrutam da experiência. Os homens que não têm autoconfiança desenvolvem problemas com sua sexualidade. Nesse processo, tornam-se agressivos para provar sua "masculinidade". No Punjab, o mais modernizado de todos os estados indianos, sabemos de alguns casos bizarros em que a mulher abandona o marido após a primeira noite do casamento, declarando-o impotente.

Se os parceiros têm direito de escolha ou se são unidos por meio de acordos familiares, rituais e cerimônias podem ajudar a harmonizar a energia sexual interior e formar uma chama estável, e não uma centelha fugaz que acende rapidamente e no mesmo ritmo se apaga. Tanto homens

Atmosfera, Ritual e Sexualidade

quanto mulheres precisam ter paciência e indulgência entre si. Um ritmo rápido, seja no início da relação ou durante a interação sexual, não conduz a uma experiência sexual completa.

4. Uma atmosfera adequada aumenta ainda mais a intensidade sexual.

A prioridade de criar um ambiente e atmosfera apropriados em nossa vida está desaparecendo rapidamente. As pequenas cerimônias e os rituais de culturas diferentes que tradicionalmente auxiliaram pessoas a sair de uma atividade e entrar em outra foram esquecidos. Nunca aprendemos como expressar por completo os sentidos ou como transformar a felicidade momentânea em uma experiência profunda de consciência pura.

Parece que estamos envolvidos em uma cultura de "ligar e desligar". Avanços na tecnologia são maravilhosos, mas não devemos entender que eles sejam cultura. Pessoas colocam a televisão em seus quartos. Imediatamente após assistir a um esporte ou a um filme de terror, por exemplo, eles procuram a "diversão do sexo". Essa rapidez impede a possibilidade da comunicação física, que é verdadeiramente diferente, pessoal e profunda. A sexualidade termina como qualquer outro prazer superficial da vida.

Não coloque a televisão no quarto de dormir. Decore-o com luzes e cores suaves, e não deixe nada amontoado. Música suave e alguns quadros atraentes são suficientes. Mantenha-o bem ventilado e suavemente perfumado.

Algumas mulheres acreditam que usar roupas sensuais e transparentes pode ajudar a construir uma atmosfera favorável. Essa excitação sexual é momentânea. A idéia é não "despejar" seu desejo sexual e acabar com ele, mas encontrar a expressão de todos os sentidos para intensificar a sensualidade.

UM RITUAL SIMPLES

Temos aqui um exemplo simples para o casal que deseja construir uma atmosfera favorável e atingir a estabilidade da mente:

Use roupas frouxas e brancas e sentem-se um diante do outro. Fechem os olhos e concentrem-se em seu poder de ouvir. Visualizem o formato de suas orelhas. Inspirem profundamente e retenham o ar, fechando ambas as narinas. Soltem-no lentamente.

Agora concentrem-se no sentido do tato, visualizando o corpo inteiro. Depois, concentrem seu sentido da visão visualizando seus olhos. Então, concentrem-se no sentido do paladar, pensem na língua e visualizem-na dentro da boca. Façam o mesmo com o sentido do olfato, concentrando-se no nariz.

Após terem se concentrado em todos os cinco sentidos, concentrem-se entre as sobrancelhas e inspirem profundamente três vezes. Após essa pequena cerimônia, abram os olhos e olhem um para o outro. Fechem os olhos novamente e concentrem-se nos cinco sentidos do seu parceiro com cinco inspirações profundas. Após essa cerimônia, aproximem-se lentamente um do outro.

5. **Observar a natureza e partilhar experiências agradáveis traz confiança e segurança para a mulher e pode tornar sua expressão sexual intensa.**

Partilhar os pequenos prazeres da vida proporciona à mulher um sentido de proximidade e lhe dá confiança e fé no companheiro. Observar o entardecer juntos, caminhar e ir até uma fonte são coisas simples que um casal pode fazer com facilidade. O homem e a mulher que retornam ao lar depois dos seus respectivos empregos, ou o homem que volta do trabalho e a mulher que se ocupa dos filhos em casa, precisam fazer esforço para fugir da rotina e revitalizar o companheirismo.

6. Sentimentos de companheirismo evocam a dimensão criativa da mulher: ela se torna ativa e inovadora.

Sentimentos de companheirismo ajudam a trazer confiança e fé para a mulher e enfatizam *sattva*, responsável pela criatividade. O aspecto criativo se desdobra na sexualidade, e ela se torna inovadora e ativa. Nesse estágio, suas dúvidas e hesitações se desfazem à medida que ela inicia a viagem ao reino profundo, no qual é capaz de se expressar completamente. Espontaneamente, ela descobre novas maneiras de expressão e comunicação e os tesouros escondidos do prazer e do contentamento. Decorrentes de *sattva*, sua concentração e energia aumentam.

7. Sua dimensão criativa também evoca *sattva* no homem, o que aumenta seu poder de prolongar o ato sexual.

A dimensão inovadora da mulher durante a comunicação sexual evoca *sattva* em seu companheiro. Em resposta à sua expressão sexual revelada, a atividade sexual dele aumenta e, devido à *sattva* equilibrada, seu poder de prolongar o ato sexual também aumenta. Tudo funciona em uma seqüência de ação e resposta. Por isso, um início cuidadoso é tão importante.

8. A atividade prolongada dele intensifica ainda mais a experiência dela, conduzindo a um fluxo abundante de energia sexual.

Quando o homem é capaz de prolongar sua atividade sexual, a experiência sexual da mulher se intensifica em resposta. Na verdade, é nesse momento que a energia sexual dela flui mais abundantemente. Esse é o momento da experiência mais intensa para a mulher, quando cada parte do seu corpo está revigorada e ela está pronta para alcançar um estado em que transcende seus sentidos. A mulher deve compreender que alcançar essa experiência de realização completa requer esforço e coordenação de ambos os parceiros.

9. Práticas ritualísticas podem prolongar e intensificar a experiência sexual.

O Sutra 4 descreve um ritual simples para a concentração da mente. Aqui entrarei nos detalhes mais técnicos do corpo e da energia sutil, um conceito que tem sido bem elaborado na ritualística da tradição tântrica.

Como o restante do cosmo, o corpo é formado pelos cinco elementos, conforme mencionado. No nível material, eles compõem as três energias principais, que são as responsáveis pelas funções físicas e mentais do corpo. Entretanto, os cinco elementos são também representados simbolicamente no nível sutil em partes diferentes do corpo: terra, entre os pés e os joelhos; água, entre os joelhos e o ânus; fogo, entre o ânus e o plexo solar; ar, entre o plexo solar e as sobrancelhas; e éter, entre as sobrancelhas e o topo da cabeça.

Dentro do corpo material, o corpo sutil é formado por uma rede de canais pelos quais circula o *prana*. Essa energia sutil está em todo lugar e em cada parte do nosso corpo, mas também em três canais principais, que se cruzam em seis pontos, chamados de *chacras*.

Os seis chacras representam os cinco sentidos e a mente, e o sétimo chacra representa o estado de consciência pura, obtida na transcendência da sexualidade. Esse estado consiste na união da alma com a energia cósmica. Os três canais principais de energia se originam no nível do ânus,* onde repousa o poder adormecido, ou *Kundalini*. Simbolicamente, a *Kundalini* é representada sob uma forma espiralada, que é o significado literal dessa palavra. Quando você atinge a mestria no *pranayama*, tem condições de, com o poder da concentração e do unidirecionamento da mente, despertar essa energia adormecida. Contudo, isso não é uma tarefa fácil. Requer perseverança e persistência durante bastante tempo.

---

* A referência usual é que eles se originam na base da espinha dorsal. (*N. da T.*)

Atmosfera, Ritual e Sexualidade

Localização no corpo	Nome	Som simbólico: mantra	Elemento	Atividade vital
Topo da cabeça	Sahasrara	Além de todos os sons; representa a Alma Universal	Alma universal	Além de todas as atividades
Entre as sobrancelhas	Ajna	Om	Mente	Função mental
Garganta	Vishuddha	Ham	Éter	Audição
Plexo*	Anahata	Yam	Ar	Tato
Umbigo	Manipura	Ram	Fogo	Visão
Genitais	Svadhishthana	Vam	Água	Paladar
Períneo	Muladhara	Lam	Terra	Olfato

Figura 28 – Representação diagramática dos três canais principais do corpo sutil e localização dos pontos concêntricos de energia, os chacras. Foram também listados: nome, som simbólico (mantra), elemento correspondente e atividade vital de cada chacra.

A Figura 28 mostra detalhes dos sete chacras: nomes, localização no corpo, sons simbólicos, ou mantras, elementos correspondentes e atividade vital. Ao repetir o mantra de cada chacra, você pode aumentar gradualmente seu poder de concentração e desenvolver o unidirecionamento. O processo evoca o poder adormecido de *Kundalini*, aumenta o nível de energia no corpo e amplia capacidade, expressão e realização sexuais. Para mais detalhes sobre o assunto, consulte outros livros sobre Tantra.[17] Mas os conceitos tântricos são, com freqüência, utilizados de

---

* A referência usual da localização desse chacra é sobre o coração. (*N. da T.*)

[17] A. Mookerji e M. Khanna, *The Tantric Way*; Agehananda Bharati, *The Tantric Tradition*.

maneira superficial no Ocidente, como um recurso vendável como livros, seminários e workshops. Tenha cuidado para consultar obras de um autor confiável, pois vários trabalhos recentes oferecem informações enganosas.

Você precisa compreender que a influência de um chacra não está limitada a somente um pequeno ponto em que os três canais principais se cruzam. Desse ponto, ela envolve o corpo inteiro nesse nível. O chacra situado mais abaixo de todos representa o elemento mais pesado – a terra – e, quando ascende, representa elementos bem mais leves. O quinto chacra representa o elemento cósmico éter. O sexto simboliza a mente. O sétimo chacra está acima da cabeça: representa a Energia Absoluta.

Para os nossos propósitos, os chacras mais importantes são o primeiro e o quarto. O primeiro chacra (*muladhara*) representa o *linga* (órgão sexual masculino) dentro da *yoni* (órgão sexual feminino). O quarto chacra (*anahata*) simboliza a união final e a realização dos princípios masculino e feminino (ver Parte II). Esse chacra representa a união no nível cósmico, enquanto o primeiro representa a união sexual.

10. A energia adormecida da *Kundalini* pode ser evocada por intermédio de práticas iogues.

O poder adormecido da *Kundalini* pode ser evocado por meio de métodos de *pranayama* e do unidirecionamento da mente. Uma longa prática de concentração sobre cada chacra conduz à transcendência do plano físico. À medida que a *Kundalini* atravessa os vários chacras na direção ascendente, você começa a sentir seu poder mais profundo.

UNIDIRECIONAMENTO DA MENTE POR MEIO DO *PRANAYAMA*

O caminho para o unidirecionamento da mente fica mais fácil com a ajuda da prática do *pranayama*, como descrito na Parte VI. Durante essa prática, a mente concentra-se na inspiração e expiração do ar vital, e todas as outras atividades são silenciadas durante o processo. O unidirecionamento da mente visa trazer a mente para esse estado de estabilidade, quando cessam todas as atividades. É necessária a prática constante para atingir esse objetivo.

Primeira etapa: comece concentrando-se em um dos objetos dos seus sentidos. Por exemplo, inale algo de odor agradável e, enquanto retém o ar vital dentro de você, concentre a mente completamente no odor em particular.

Após repetir algumas vezes, tente concentrar-se no mesmo odor, mas de modo abstrato, sem tê-lo diante de você. Relembre. Assimile-o completamente dentro de você. Nesse processo, a mente mergulha nele, e finalmente repousa exclusivamente nessa experiência.

A prática repetida lhe trará a capacidade de prolongar a sensação por meio da sua vontade. Faça o mesmo com os outros sentidos. Concentre-se em algum som, objeto visual, sabor ou sensação tátil. No início, o objetivo é focar a experiência sensual como um todo, mas depois você deve tentar esquecer o meio e repousar somente na experiência. Por exemplo, se você se concentrar num objeto visual, poderá a princípio olhar para ele; depois, fechará os olhos, e somente a aparência do objeto deverá permanecer em sua mente. Após algum tempo, até a imagem não deverá permanecer, restando somente a essência do objeto. Nesse estado, a razão do nome, da forma e de outros atributos desaparecem.

Segunda etapa: pratique a concentração sobre cada um dos cinco elementos. Com cada sopro vital, concentre-se numa qualidade daquele elemento em particular. Por exemplo, se você estiver se concentrando no ar, pense em suas várias apresentações, tais como movimento, estabilidade, onipresença e força doadora de vida. Depois, permaneça somente na sua forma elemental. Faça o mesmo com os outros quatro elementos. É melhor praticar a concentração em cada elemento regularmente por várias semanas.

Terceira etapa: após treinar sua mente para permanecer centrada em um único objeto, você poderá começar a se concentrar em cada chacra, um por um. Comece pelo primeiro, o chacra *muladhara*. Guie sua energia do *prana* para ele. Concentre sua mente na localização desse chacra. Ele representa o elemento terra no seu corpo. Realize a prática todos os dias, por um mês. Se tiver dificuldade para se concentrar, inicie repetindo o mantra "Lam", que simboliza esse ponto de energia. Quando se perder no som, repita o mantra somente em seu pensamento. Interrompa o som gradativamente. A única coisa que deverá restar é o ponto de energia em particular.

Concentre-se em cada chacra por um mês, e finalmente você terá revitalizado todo o seu corpo e mente. Como mencionado no sutra anterior, o primeiro e o quarto chacras representam, respectivamente, a união sexual e a cósmica. Ao concentrar-se nesses pontos de energia, você poderá atingir qualquer objetivo específico que tiver em mente, ou resolver qualquer problema físico, mental ou espiritual relacionado. Contudo, você terá, primeiro, de dominar a prática do *pranayama* e da concentração regular contínua por sete meses em cada chacra. A repetição superficial de cada mantra não é suficiente.

Não inicie as práticas da concentração com o objetivo de atingir algo no nível sexual, embora isso aconteça espontaneamente. Pratique o mantra para cada chacra regularmente todos os dias, por alguns minutos pela manhã e ao entardecer. Continue com o método por vários meses, subindo gradualmente. A prática não somente enriquecerá sua experiência sexual, como também melhorará sua qualidade de vida à medida que você desenvolver, de modo extraordinário, sua sensibilidade e intuição. As práticas de concentração sobre os chacras podem auxiliar a cura de qualquer enfermidade relacionada àquele órgão do sentido em particular.

11. Os casais devem usar seu poder criativo para formular os próprios rituais pessoais.

O tipo de rotina disciplinada que temos de viver na maior parte do tempo pode tornar a vida bastante mecanizada e sem atrativos. Os seres humanos precisam experimentar algo novo, diferente, uma aventura excitante.

A constante inspeção e a manutenção do corpo, da mente e do comportamento são necessárias para evitarmos o mergulho na rotina. As pessoas sábias devem se esforçar conscientemente para rejuvenescer e mudar de acordo com o local e a época. Os seres humanos são dotados de bom senso e intelecto para que possam trazer uma perspectiva nova à sua expressão sexual.

Invente novos modos e métodos, e faça coisas diferentes. Certos pontos podem ser aprendidos por meio de fontes externas, porém lembre-se da imensa fonte de conhecimento escondida em seu interior. Não permita que sua luz interior seja coberta pela poeira lançada pelas antigas rotinas. Renove-se.

**Aqui termina a Parte VIII
de *Kama Sutra para mulheres*, que explica
a importância da atmosfera e dos rituais para a expressão sexual.**

Parte IX
Ritmo e Variedade na Sexualidade

नौवां भाग
काम में विविधता तथा लय

As mulheres possuem oito vezes mais energia sexual do que os homens.

Chankya, Vatsyayana e vários outros

1. A realização sensual completa e a satisfação sexual requerem esforço conjunto e dedicação de ambos os parceiros.

A realização sexual é como qualquer outro sucesso na vida. Concentração, esforço e devoção são necessários para fazer do ato sexual uma experiência única a cada vez. Algumas pessoas podem dizer que a sexualidade, por ser uma necessidade natural, dificilmente requer esforço consciente. Mas os seres humanos são diferentes dos animais nesse aspecto.

2. Embora o desejo da sexualidade e o prazer resultante do ato sejam inatos, os seres humanos são capazes de destruí-lo ou intensificá-lo com seu intelecto e com a força do bom senso.

Os seres humanos são capazes de aumentar, diminuir ou arruinar o caráter inato de sua sexualidade. Podemos aumentá-lo assimilando conhecimento transferido de uma geração para a seguinte por intermédio da arte e da escrita. Contudo, a força do bom senso e o intelecto também podem se tornar um impedimento à expressão livre da sexualidade.

Valores, regras e superstições podem bloquear o caminho. Em uma sociedade flexível e tolerante, as variações humanas são facilmente aceitas, mas, em sociedades com normas sociais restritas, espera-se que as pessoas se comportem de acordo com determinados padrões estabelecidos. A negação do princípio feminino eterno no homem e do princípio masculino na mulher faz surgir uma multiplicidade de problemas sexuais, e também males sociais. A sociedade é formada pela força coletiva de todos nós. Não devemos hesitar em mudar os valores da sociedade quando for necessário. Nos últimos anos, compreendemos que o ambiente poluído, as doenças e os efeitos colaterais decorrentes das drogas químicas e dos alimentos adulterados estão conduzindo a humanidade para a destruição. Somente uma virada na direção do clássico modo holístico de vida nos permitirá recuperar o equilíbrio perdido em nossa sociedade, e também em nossa vida.

Embora a sexualidade seja uma necessidade natural, encontra-se sob o ataque do nosso modo fragmentado de viver, assim como outras necessidades e urgências humanas. O sono é uma necessidade natural, mas muitos usam remédio para dormir. A digestão é um processo natural, mas milhões de pessoas não conseguem processar de forma adequada os alimentos. Aquilo de que o corpo não necessita deve ser excretado todos os dias, mas quanta gente neste mundo sofre de constipação? Precisamos trazer de volta um ritmo natural para nossa vida.

AUMENTANDO A SECREÇÃO VAGINAL

Razões para a secura. Muitas mulheres não produzem secreção vaginal durante a atividade sexual. Isso pode decorrer de razões diversas. As infecções ou inflamações vaginais podem prejudicar uma secreção mucosa correta. O que, entretanto, será acompanhado de algum outro sintoma patológico, e você precisa curar o problema por intermédio de um tratamento adequado.

A falta de secreção vaginal também pode decorrer de razões psicológicas, como medo, ansiedade, perda de interesse pelo parceiro ou desejo por outro homem. Você deve tentar descobrir suas razões e chegar até a raiz da questão para encontrar a causa desse efeito prejudicial.

Concentração no canal lunar. Segundo a antiga literatura indiana sobre sexualidade, o local da secreção vaginal, ou *kama jal* ("água sexual"), é o canal lunar (dos três canais principais que correm ao longo da coluna, é o que se situa à esquerda). Portanto, as mulheres que sofrem desse mal devem purificar os canais, colocando ênfase especial no lunar. Enquanto realizam a prática, elas devem se concentrar em sua vagina e dirigir a energia do *prana* para aquele local.

Canalizando a energia sexual para a vagina. Muitas mulheres apresentam problemas com a secreção vaginal durante a atividade sexual. Por uma razão específica, a vagina permanece "seca" apesar da atividade sexual. Você pode dirigir toda a energia do seu impulso sexual para revitalizar suas células vaginais e rejuvenescê-las. Então, compreenderá que essa força é tão grande que poderá sentir seu efeito imediatamente.

Tratamento com abobrinha e mel. Escolha um legume macio como a abobrinha, descasque-o e corte um pedaço. Mergulhe-o em mel e insira-o na vagina por um tempo. Não use em excesso este método, pois ele poderá exercer um efeito adstringente.

Tratamento com a nata do leite, alcaçuz e mel. Misture a nata do leite com mel e alcaçuz em pó e aplique nas paredes da vagina. A mistura de um quarto de colher (chá) de cada um dos ingredientes será suficiente. Para conseguir a nata, ferva uma quantidade de leite por cerca de dez minutos, deixe resfriar e coloque na geladeira por algumas horas. A camada que se forma em cima do leite é a nata. O leite natural ou cru produzirá uma camada mais grossa do que o homogeneizado.

Massagem. A massagem com as palmas das mãos e dos pés feita pelo seu parceiro também poderá ajudar a resolver o problema.

3. **Não gaste a energia sexual alimentando pensamentos sobre um futuro prazer sexual e sua intensidade.**

Ambos os parceiros precisam conter sua energia se quiserem ter ritmo e variedade no ato sexual. Várias pessoas fantasiam muito sobre a próxima experiência, imaginando a grandeza de todos os prazeres. Sem dúvida, a experiência sexual é um dos maiores presentes da natureza. Para aproveitar essa felicidade, é melhor não acender sua energia com uma imaginação desenfreada, mesmo que antecipada. Muitos esperam demais de uma interação sexual e ficam desapontados com a realidade. Em nossa vida, temos de nos esforçar para atingir o sucesso em nossos projetos; a sexualidade não é uma exceção.

Existe outra razão para o desapontamento. Muitas pessoas acreditam que a sexualidade verdadeira está somente no ato da penetração e, como esse contato é visto como um tabu, elas procuram adiá-la e se permitem outras atividades sexuais. O intercurso é então guardado para uma ocasião especial no futuro. Descobri, naturalmente, a existência desse comportamento entre jovens, antes da sua primeira experiência sexual, mas também entre parceiros que tinham uma concepção errada sobre manter um relacionamento fora da sua vida comum de casal. Para se salvarem da culpa, eles se comunicavam sexualmente com seus parceiros em vários níveis, exceto pelo intercurso. Essas pessoas, com freqüência, constroem expectativas, embora a vida fragmentada irá inevitavelmente conduzi-las a decepções. Não crie para si mesma limites e perfis, tampouco viva em um mundo hipotético. Um comportamento desse tipo prejudica a espontaneidade, danifica a vida sexual em termos gerais e pode exercer efeitos nocivos em longo prazo sobre você.

Homens e mulheres que apresentam um despertar sexual tardio, em função da timidez ou de alguma outra razão, também podem sofrer de excesso de fantasia.

CANALIZAR A ENERGIA SEXUAL PARA PRESERVÁ-LA

A energia sexual é muito poderosa, e você não deve suprimi-la ou desperdiçá-la. Ela deve ser canalizada por meio de métodos corretos. Se você tentar ignorá-la, ela poderá adquirir dimensões vulcânicas e entrar em erupção sob a forma de enfermidades mentais ou físicas, ou de um comportamento sexual anormal.

É relativamente mais fácil aumentar a expressão sexual do que preservar ou canalizar a energia. Essas duas atitudes podem ser comparadas à construção de uma represa de um canal para um rio, respectivamente. Canalizar a energia sexual requer uma mestria de habilidades de concentração. Quando a mente está estabilizada, acumula energia espiritual, sendo capaz de dirigir e controlar as atividades físicas e mentais.

Se você for impelida por uma urgência sexual de modo inevitável e no momento errado, aprenda a reter essa força com o método a seguir. Não se desencoraje se não conseguir na primeira tentativa. Continue a praticar com determinação e persistência para atingir seu objetivo.

Concentre-se em sua região abdominal, que é o local do impulso sexual e sua liberação no momento em que você for impelida por essa força. Respire suave e profundamente. No instante em que o ar vital a estiver penetrando, empurre com força a energia da região pélvica para o plexo solar. Expire suavemente. Tente algumas vezes. Você se libertará da força do impulso sexual. Poderá sentir calor no corpo. Depois virá a estabilidade total. O estado de excitação se transformará em paz e bem-estar. A energia sexual não é perdida, mas transformada e preservada.

A energia sexual é também preservada pelo método de respiração rápida, descrito na etapa 4 das práticas de *pranayama* (ver Parte VI, Sutra 10). Concentre-se na força compulsiva produzida pelo impulso sexual e comece a respirar rapidamente, como se estivesse empurrando a força para a cabeça. Isso poderá lhe dar a sensação de que está realmente tendo uma experiência sexual. Repouse por alguns minutos, pois é um pouco mais cansativo do que o método anterior, de respiração lenta.

4. **Utilize os métodos de fortalecimento da mente e do corpo descritos anteriormente para emprestar ritmo e variedade à sua sexualidade.**

Você só conseguirá variar a postura e os movimentos do corpo se conseguir dominar o corpo e a mente. Se o seu nível geral de energia estiver baixo, ou se você se sentir extremamente frágil, não conseguirá se envolver em sessões sexuais prolongadas. Se o corpo estiver rígido, não conseguirá assumir muitas posições diferentes. Se você não concentrar a mente, não conseguirá ser criativa nem prolongar sua interação sexual ou aumentar o vigor.

5. A excitação sexual não é limitada a somente certas partes do corpo.

Com algumas variações, todas as partes do corpo são sexualmente excitáveis. Contudo, um período contínuo de estímulos intensos durante um ato sexual pode resultar em uma excitação relativamente menor das partes mais sensíveis durante o contato. Portanto, o casal deve explorar e descobrir as diferentes partes do corpo. Façam isso experimentando ativamente todas as possibilidades. Explorem, por exemplo, as regiões da sola do pé e os espaços entre os dedos, todas as partes da palma da mão e os espaços entre os dedos das mãos, as proximidades das articulações etc. A sensação tátil deve ser totalmente desenvolvida pelo esforço e pela prática. Deve ter sua expressão completa e, também, auxiliar a excitar os outros sentidos, e vice-versa. O tato também está ligado aos outros quatro sentidos, e os cinco normalmente trabalham em mútua cooperação durante a comunicação sexual.

O seu sentido do tato também pode ser excitado por meio de uma respiração lenta e profunda. A prática do *pranayama* antes do contato sexual aumenta a concentração e o poder intuitivo da mente.

As pessoas, muitas vezes, se entediam com o sexo porque não utilizam o intelecto e as habilidades físicas na comunicação sexual. Não exploram a si mesmas nem ao outro, e simplesmente buscam mais excitação em outra companhia. Mas o novo também se transforma em rotina. Cientes disso ou não, muitos tratam a sexualidade da mesma maneira que dirigem um carro. É muito emocionante no começo, quando você está aprendendo a dirigir, mas, depois de algum tempo, torna-se uma segunda natureza e você não precisa pensar muito. Pode ser, inicialmente, empolgante dirigir um modelo mais novo, potente e/ou elegante, mas isso também se transforma em rotina após algum tempo. Se a sexualidade virar rotina, você ficará desapontada, seja com vários parceiros ou

Ritmo e Variedade na Sexualidade

com um só. Se tratar seu corpo como uma máquina e dividir a vida em compartimentos, obviamente não poderá atingir com o seu parceiro todo o potencial sexual interior. Você só poderá vivenciar essa vasta energia quando aprender a harmonizar-se com o ritmo cósmico.

6. Revitalize as diferentes partes do corpo por meio de práticas iogues e beneficie-se delas durante a união sexual.

Você poderá revitalizar partes internas e externas do corpo por intermédio dos movimentos especiais e lentos que descrevi anteriormente. Não é necessário nem possível praticar todos esses métodos diariamente, porém 15 minutos por dia alternando com várias posturas iogues não causarão problemas. Após seu corpo ficar flexível, você poderá aprender uma série de 12 exercícios iogues – a Saudação ao Sol.[18] Para realizá-la todos os dias, você não precisará mais do que 12 minutos, e revigorará seu corpo inteiro. Algumas posturas e movimentos iogues descritos na Parte VI são especialmente benéficos para proporcionar maior variedade nas posturas sexuais.

Diversos outros métodos antigos da China e do Japão podem proporcionar flexibilidade e conscientização do corpo. Esforços atléticos como ginástica, caminhada e corrida, em geral, são ineficazes para despertar os potenciais adormecidos do corpo, pois o tratam separado da mente, e não integrado a ela. Os exercícios podem até causar desequilíbrio de *vata*, dando origem a rigidez, pele seca e falta de secreção sexual.

---

[18] Para a Saudação ao Sol, consultar o livro, de minha autoria, *Ayurveda – a medicina indiana que promove a saúde integral*.

7. A sabedoria sexual não pode ser obtida meramente por meio de livros ou do conhecimento argumentativo.

Antigamente, adquiria-se sabedoria por intermédio dos idosos, da experiência, da observação da natureza e dos rituais e cerimônias que acompanhavam a vida diária. Os livros antigos difundiam o conhecimento por meio de professores ou pessoas sábias da comunidade. O costume continua em várias sociedades tribais e étnicas do mundo, mas, em nossa modernidade, a vida mudou consideravelmente. As pessoas se tornaram individualistas, o sistema de família ampliada ou unida sucumbiu, e até a família nuclear encontra-se em sofrimento.

Atualmente, são publicados livros sobre praticamente tudo. Enquanto estive nos Estados Unidos, comecei a aprender a patinar no gelo. Um amigo me presenteou com um livro sobre o assunto. Para nós, indianos, é sempre motivo de grande surpresa ver uma mulher ocidental consultando um livro de culinária para cozinhar. Recentemente, algumas mulheres "modernas" em Déli e Bombaim começaram a fazer o mesmo.

Se você seguir estritamente as técnicas aprendidas somente nos livros, acabará se arriscando a perder espontaneidade e espírito de inovação. Essas obras também podem ser perigosas se fornecerem conhecimento sem a sabedoria de como usá-lo. Por exemplo, um livro sobre posturas para aumentar o prazer sexual poderá lhe dizer para colocar sua perna direita sobre o ombro do seu parceiro enquanto os dois estiverem unidos no ato sexual. Porém, sem o preparo adequado para tornar suas articulações flexíveis, a tentativa da postura poderá resultar em nada além de uma tortura física, e aquelas que sofrem de constipação piorarão seu estado. Esses livros não levam em consideração seu corpo e sua mente como totalidade, e visam simplesmente o sensacionalismo.

Esse é um exemplo extremo, e existem trabalhos melhores. Mas, mesmo que contenham sabedoria, você não ficará sábia apenas com a leitura. A sabedoria sexual é obtida de maneira holística: desenvolvendo sua força física e mental, evocando seu poder interior e aprendendo com a experiência. Quando você está em harmonia consigo mesma e com o ambiente, descobre

Ritmo e Variedade na Sexualidade

espontaneamente os imensos prazeres que a natureza nos proporciona, entre eles a sexualidade.

Selecione com cuidado seus livros, e não se deixe fascinar por figuras ou linguagem floreada. É fácil se iludir com textos que pintam tudo na vida de forma simples e que prescrevem métodos para "redescobrir em dez dias os prazeres perdidos". Esses apelos são simplesmente uma extensão do consumismo do mundo moderno, no qual tudo tem curta duração.

Você precisa compreender que a verdadeira sabedoria não está limitada pelo espaço e pelo tempo. O *Yoga Sutra de Pátañjali*, os princípios da Ayurveda e o *Kama Sutra de Vatsyayana* são exemplos de fontes imensas de sabedoria do mundo antigo. Após milhares de anos, esses livros continuam sendo publicados em diferentes línguas em todo o mundo, e seu conteúdo tem, hoje, o mesmo valor para a humanidade de quando foram escritos. As obras que você selecionar não devem se basear meramente na experiência pessoal do autor, mas levar em consideração a grande variedade dos seres humanos e a extensão de espaço e tempo.

O conhecimento argumentativo se dá como nos livros. Você pode freqüentar conferências, workshops ou seminários e participar de discussões infindáveis, mas, para atingir a sabedoria verdadeira, precisa usar o poder do bom senso e o conhecimento intuitivo interior. Cada situação é única e requer sabedoria verdadeira, que pode ser obtida somente por meio do questionamento interno.

8. Desenvolva novos modos e técnicas para vivenciar facetas diferentes da sexualidade.

A variedade na experiência das diferentes facetas da sexualidade é útil não somente pelo bem de vivenciar uma expressão sensual completa, como também pode ajudar a assegurar a estabilidade social e salvaguardar a estrutura familiar.

Parceiros precisam de amizade, fé e respeito mútuo se desejam desfrutar verdadeiramente todos os aspectos da sexualidade, e assegurar boa saúde, vigor sexual, energia e uma atitude e um modo de vida holísticos. Já apresentamos vários métodos para aumentar a expressão sexual. Agora, abordaremos como incrementar a própria união sexual.

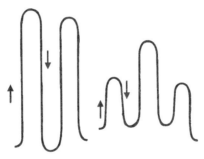

Figura 30. Movimentos sexuais para cima e para baixo são feitos alterando a profundidade a cada vez.

Alterar o movimento é essencial para a variação e a mudança de ritmo na experiência sexual. As mulheres devem desempenhar um papel destacado nesse aspecto e não pensar que podem ter prazer somente quando o homem é mais vigoroso e atuante. As mulheres podem até não desfrutar uma expressão sexual total, se não participarem igualmente com energia e vigor. Pode haver momentos em que o homem fica mais passivo e a mulher, mais ativa. Ela deve diversificar os movimentos, para cima e para baixo, por exemplo, em várias gradações (Figura 30). É importante aprender maneiras de executar espirais para cima e para baixo, bem como em sentido horário e anti-horário (Figura 31). Movimentos semelhantes ao de uma cobra também são muito importantes (Figura 32). Para todos esses gestos, você precisará de uma coluna bem flexível.

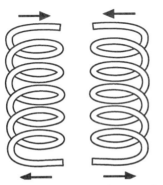

Figura 31. Movimentos sexuais em espiral no sentido horário e no inverso.

Você também pode aprender a se mover em círculos concêntricos fechados, do interior para o exterior, e depois do exterior para o interior (Figura 33). Os mesmos círculos também podem ser feitos para cima e para baixo (Figura 34).

Diversifique acelerando ou desacelerando sua velocidade, depois tente trocar várias vezes do rápido para o devagar e do devagar para o rápido.

Não veja essa descrição como uma lição a ser lembrada e seguida: são somente idéias ou sugestões para uma assimilação lenta. Pratique, experimente, inove e crie você mesma.

Figura 32. Movimentos sexuais semelhantes aos de uma cobra.

Todos esses movimentos podem ser realizados em posturas diferentes; a variação da própria postura depende da

Figura 33. Os movimentos circulares envolvem a formação de círculos concêntricos, gradualmente do menor para o maior, e depois o inverso. Note que todos estes movimentos são diferentes daqueles em espiral. Aqui, os círculos menores não terminam no maior; pelo contrário, ocorre uma pequena pausa após cada volta e, depois, faz-se um círculo externo (ou interno).

Figura 34. Os círculos são feitos variando simultaneamente a profundidade e a circunferência.

flexibilidade dos seus corpos. Entretanto, cada casal utiliza algumas posições simples que não necessitam de muita descrição. Alguns exemplos: o homem de costas e a mulher sentada sobre ele; ambos em posturas iogues como a de lótus ou da pedra; a mulher dobrada com o homem por trás dela; ambos deitados de lado com os joelhos dobrados; a mulher sobre seu estômago e o homem por trás dela.

Em algumas sociedades conservadoras, o homem pode achar insultante quando a mulher se move sobre ele enquanto ele fica parado. Duvido que alguma mulher que pertença a esse tipo de sociedade tenha a oportunidade de ler este livro, mas, se acontecer, deixe-me dizer que, com amor e esforço, ela pode mudar essa atitude. Naturalmente, levará algum tempo para que essa situação se transforme totalmente.

9. Um esforço conjunto multidimensional por um período de tempo conduzirá a experiência e sabedoria sexuais.

Se ambos os parceiros fizerem um esforço sério por um longo período, descobrirão a experiência sexual integral, bem como a sabedoria sexual. Nessa experiência, os sentidos conseguem uma expressão liberada, ocorrendo um despertar intenso, livre de preocupações do passado e do futuro, que traz alegria e conduz à beatitude e à expansibilidade.

10. A espontaneidade é parte essencial da sabedoria sexual.

A sexualidade é um fenômeno natural. No cosmo, tudo está conectado e funciona em ritmo. Há variação, mas também harmonia. Seja para a boa saúde ou para a experiência sexual integral, precisamos estar sintonizados com a orquestra cósmica. Movimentos mecânicos e calculados não conduzem nunca a uma realização. A visão estreita e a atitude conservadora prejudicam a espontaneidade e a criatividade humanas. Atualmente, a ênfase demasiada na educação sexual para crianças pode comprometer a espontaneidade; em vez da descoberta gradual, por elas mesmas, do misterioso mundo do sexo, as crianças recebem lições como matéria escolar.

Repetir para si mesma "relaxe, seja espontânea" só a deixará mais rígida e sem espontaneidade. Existe uma postura no ioga chamada "posição do cadáver". Se digo para as pessoas se deitarem, fecharem os olhos, relaxarem e sentirem o peso de seu corpo, elas ficam mais tensas. O esforço é feito racionalmente e algumas até franzem as sobrancelhas. Em seu lugar, lanço mão de vários métodos divertidos para trazê-las a um estado de relaxamento – as pessoas relaxam somente se esquecerem que devem relaxar. A espontaneidade na expressão sexual não pode ser separada da expressão em termos gerais.

11. A espontaneidade na sexualidade surge somente da espontaneidade na própria vida.

O universo é uma vastidão de elementos interligados e inter-relacionados da qual somos parte. Compreenda e siga essa unidade básica, e tenha fé na sua criatividade. Você não aprende a ser espontânea indo a seminários ou freqüentando cultos. Já vi muitas pessoas carregando a bandeira de "simplesmente seja você mesma, aprenda a ser". Mas não se *aprende* a ser você mesma. Ser e viver verdadeiramente não é algo que pode ser ensinado; é uma realização.

Se você, em silêncio e sozinha, observar a natureza, ouvir os pássaros chilreando, as quedas-d'água, o mar e o vento, e perceber a força e a grandiosidade das montanhas, a maravilha de uma diminuta semente que traz em si um tremendo potencial de se transformar em uma enorme árvore, e visualizar a variedade das cores e formas desse universo fascinante, compreenderá espontaneamente que também é um participante na dança cósmica.

Aqui termina a Parte IX de
Kama Sutra para mulheres, sobre
o ritmo e a variedade na prática sexual.

Parte X

Rejuvenescimento e Afrodisíacos

दसवां भाग
कायाकल्प तथा बाजीकरण विधियां

Não existe maior afrodisíaco para a mulher do que o homem limpo, bem-vestido, gentil, amoroso e atencioso, com voz doce e melodiosa.

A Autora

1. Tudo no universo está em constante mudança, e o corpo humano é limitado pelo tempo.

Enquanto nosso ser físico é limitado pelo tempo, nossa alma, agente da consciência, é eterna. O corpo é formado pelos cinco elementos que se transformam constantemente e se reorganizam, e nessa transformação atravessamos os vários estágios da vida – infância, juventude e velhice. Nada é sem razão; tudo se move em direção a um objetivo. Durante o tempo que segue o nascimento, chamado de vida, uma decadência lenta e constante conduz finalmente para a morte. Para determinada pessoa, a morte pode acabar com a vida, mas a vida continua – aquele que morre cede lugar para um recém-nascido.

A sexualidade é a base desse ciclo de vida e morte. No grande hino cósmico indiano *Rig Veda*, diz-se que *Kama* foi o primeiro passo no início da criação do universo.[19] O indólogo francês Alain Danielou resume esses pensamentos filosóficos da seguinte maneira:

> O senhor do sono (*Shiva*), que é o princípio da desintegração (*tamas*), a fonte de um universo sempre em expansão (desintegração), é o princípio do tempo, o destruidor, e ao mesmo tempo a personificação da experiência, alegria, cujo símbolo é a fonte de vida, a fonte de prazer, o falo (*linga*).[20]

---

[19] *Rig Veda*, X, 129.4.

[20] Alain Danielou, *The Gods of India-Hindu Polytheism* (Nova York: Inner Tradition International, 1985), p. 16.

Nota: O leitor deve compreender que o *linga* (falo), símbolo de Shiva e do princípio masculino, é sempre mostrado na *yoni* (órgão sexual feminino), símbolo do princípio feminino (ver Parte VIII, Figura 29). Juntos, eles mostram a unificação e a unicidade dos dois princípios, que é a causa do mundo fenomênico.

Além do ciclo de nascimento e morte que a alma atravessa, existe um ciclo cósmico no qual tudo é dissolvido na matéria primordial, da qual tudo começa novamente. A noção cíclica de renascimento e sua relação com a sexualidade são representadas no *Yogatattva Upanishad*, como vemos adiante:

> *Feliz é a criança que suga no seio de sua mãe;*
> *é o mesmo seio do qual sugou em uma vida passada!*
> *O marido tem seu prazer no ventre de sua esposa;*
> *foi o mesmo ventre no qual foi concebido no passado!*
> *Aquele que foi o pai, hoje é o filho,*
> *e esse filho, quando chegar o amanhã,*
> *será o pai por sua vez.*[21]

2. Uma pessoa sábia segue medidas rejuvenescedoras para melhorar a qualidade de vida.

Utilizo a palavra *rejuvenescedora* aqui no sentido de manter e revigorar o corpo (que, no presente contexto, inclui também a mente) para restaurar e aumentar a vitalidade e a energia.

Na Ayurveda, o rejuvenescimento é uma terapia completa que não consiste somente em alguns medicamentos, e é apropriado tanto para os doentes e convalescentes quanto para pessoas saudáveis. Aumentar o nível geral de energia do corpo ajuda os enfermos a se recuperarem e os saudáveis a ampliar o vigor e a beleza, e a prevenir doenças. Os métodos variam de acordo com a idade e a condição, e agem em três níveis diferentes. Primeiro, atuam na digestão, para aumentar a assimilação dos nutrientes. Segundo, suplementam a dieta, com elementos revigorantes. Terceiro, limpam e liberam os canais de energia, para aumentar o fluxo de energia no corpo inteiro. Essas técnicas trazem harmonia entre as funções físicas do corpo e energia sutil no nível dos chacras.

---

[21] *Yogatattva Upanishad* I, 31.

Rejuvenescimento e Afrodisíacos

Todos nós compreendemos que tudo se deteriora mais rápido se não fizermos manutenção. A madeira sem polimento ou o ferro sem pintura, expostos a sol ou água em excesso, estragam rapidamente. A xícara de chá ou de café, se não for limpa adequadamente, mudará de cor para sempre. Até mesmo um copo que usamos somente para beber água precisa de limpeza. No entanto, a maioria das pessoas não acha que seus órgãos internos também precisam de limpeza e revitalização regulares, ou que sua mente, girando sem parar em uma cadeia interminável de pensamentos, também precisa repousar. Em nossa época, o conceito de rejuvenescimento e manutenção do corpo é quase inexistente.

As pessoas mantêm suas casas, retocam a pintura e fazem reparos ocasionais. Mantêm seus carros ajustados regularmente. Mas, se não conseguem dormir, raramente se esforçam para fazer uma reorganização no seu ritmo perdido, preferindo confiar em pílulas para dormir. O mesmo pode ser dito quanto a várias outras funções vitais do corpo e os distúrbios que as afetam. As pessoas atualmente parecem ter completa falta de conhecimento sobre como restaurar as funções naturais do corpo.

A sexualidade não é exceção. Muitas pessoas sofrem de problemas sexuais simplesmente porque seu equilíbrio geral do corpo foi perdido.

É importante que você aprenda que a primeira prioridade da vida é a própria vida. E, portanto, não negligencie a si mesma nem dedique tempo excessivo às responsabilidades familiares. Esteja consciente das suas obrigações, mas não se esqueça de que assegurar seu bem-estar físico e mental é sua primeira e sagrada obrigação.

3. Práticas regulares de limpeza e ioga e ingestão de produtos rejuvenescedores são os principais métodos de rejuvenescimento.

O assunto rejuvenescimento poderia ser o tema único de um livro. Embora o processo de degeneração humana seja irreversível, cabe a nós diminuí-lo ou aumentá-lo. A primeira coisa que você pode fazer para rejuvenescer é adotar as práticas de limpeza descritas na Parte VI. Elas ajudarão a manter os humores corporais em equilíbrio, eliminando as toxinas, purificando o sangue e aumentando *ojas*. Em outras palavras, elas removem os obstáculos no caminho da sexualidade e aumentam a atração física, deixando a pele suave e brilhante, dando brilho ao corpo e removendo qualquer odor desagradável.

Todas as práticas de limpeza ajudam a diminuir o processo de degeneração ao limpar os canais de energia, aumentando o fluxo de energia no corpo. Os problemas sexuais ou outras enfermidades resultam da negligência durante um longo período. As pessoas não levam muito a sério seus distúrbios menores, e buscam se curar apenas sintomaticamente. Finalmente, um dia o corpo torna-se lento em suas funções vitais, dando início a uma doença maior. Deixe-me dar um exemplo. Imagine a mulher que tem evacuação não freqüente ou parcial. Ela não considera que seja uma enfermidade, e não toma nenhuma providência a respeito. Se negligenciar isso por um tempo, *vata* em seu corpo ficará viciado. O problema aumentará lentamente e também se tornará a causa de problemas durante a gravidez. Pode, inclusive, provocar o aparecimento de hemorróidas, em especial após o parto. Durante a juventude, ela ainda poderá ser capaz de tolerar os efeitos do desequilíbrio de *vata*, mas, com a idade, gradualmente começará a sofrer de enfermidades relacionadas a *vata*, tais como diminuição das secreções sexuais, problemas de incontinência, insônia ou outros distúrbios do sono, dores no corpo e nas articulações, fadiga, artrite etc. Com todos esses distúrbios, o entusiasmo e o vigor para a sexualidade diminuem lentamente.

Se essa mulher tivesse seguido as práticas de limpeza e cuidado de sua dieta, a condição *vata* não teria se agravado. Um enema regular com substâncias que diminuem *vata* feito no final de cada estação do ano pode controlar o problema no estágio inicial. Os problemas sexuais não podem ser separados dos de saúde; o local de todos eles é o corpo.

Além de seguir as práticas de limpeza, você pode revitalizar seu corpo com as práticas de ioga descritas na Parte VI. Produtos rejuvenescedores descritos a seguir aumentam *ojas* (imunidade e vitalidade), melhoram a digestão e a absorção de nutrientes e diminuem o ritmo do processo de envelhecimento.

PRODUTOS PARA O REJUVENESCIMENTO, OU *RASAYANA*

Durante os últimos anos, algumas plantas ayurvédicas ligadas ao rejuvenescimento se tornaram conhecidas fora da Índia. As que foram recentemente citadas na mídia ocidental são: *Chibulic myrobalan* (*harada* em hindi), *Emblica officinalis* (*amala*), *Tinospora cordifolia* (*giloye*), *Commiphora mukul* (*guggul*), *Terminalia bellirica* (*baheda*) e *Withania somnifera* (*ashvagandha*). Nos modernos laboratórios farmacêuticos, ouve-se a respeito das propriedades "maravilhosas" dessas substâncias – como evitam o envelhecimento e suas doenças relacionadas. É típico da medicina ocidental encarar a prática ayurvédica de modo reducionista e ignorar a diversidade de métodos de rejuvenescimento desse sistema milenar.

Gostaria de enfatizar que a ingestão de produtos como os citados aqui não deve substituir outros cuidados com a saúde. Vale ressaltar que os compostos rejuvenescedores contêm várias substâncias e são preparados de acordo com instruções específicas, de modo que seus elementos vitais não sejam perdidos. Deve-se compreender que, se você leva uma vida pouco saudável, usar esses produtos não ajudará muito. Por exemplo, a prática ayurvédica recomenda que durante as refeições você preencha somente dois terços de seu estômago com sólidos e líquidos. Ultrapassar esse ponto vicia as três energias – sem falar dos problemas que podem decorrer do valor calórico dos alimentos. Usar produtos rejuvenescedores e empanturrar-se de comida é como adicionar combustível ao fogo com uma das mãos enquanto a outra verte água sobre ele. Resumindo, é essencial cultivar um estilo de vida ayurvédico saudável.

O rejuvenescimento é um assunto vasto, e constitui uma das oito partes da Ayurveda.[22] Existem várias substâncias rejuvenescedoras na natureza, e elas podem variar segundo as condições geográficas. Na lista a seguir, descrevo algumas receitas simples, e tento considerar a disponibilidade dos produtos em diferentes partes do mundo.

---

[22] Para mais detalhes, veja os textos ayurvédicos originais como *Charaka Samhita, Sushurata Samhita, Sarangadhara Samhita* etc.

1. Apanhe 200g de **amêndoas** com pele e deixe-as de molho em água por quatro a cinco horas, ou durante uma noite. Remova a pele e deixe-as secar. Coloque-as em uma jarra, adicione 400g de **mel** e misture bem. Deixe a mistura por dez dias, e depois acrescente, sob a forma de pó, 50g de **pimenta-preta** e 75g de cada um dos seguintes ingredientes: **aspargo, alcaçuz, manjericão** e **sementes de anis**. Faça uma pasta e ingira três colheres (chá) todos os dias antes do café-da-manhã.

2. Separe 100g de **amêndoas**, 100g de **castanha-de-caju**, 100g de açúcar cristal, 50g de **anis** e 20 **grãos de pimenta**. Moa ou triture cada ingrediente separadamente e depois misture-os bem e reserve em um pote fechado. Beba uma colher (sopa) da mistura com leite quente todos os dias. Se preferir, pode substituir o leite por água ou chá quente.

3. Separe 250g de **cenouras**, 250g de **maçãs** e 250g de *amala* (fruta do Himalaia com várias qualidades medicinais) e corte em pedaços pequenos. Adicione 100 mL (meia xícara) de água e 150g de açúcar e cozinhe em panela com tampa por cerca de uma hora, mexendo de vez em quando. Acrescente mais água se for necessário para evitar que queime e agarre no fundo. Junte à mistura cozida os seguintes ingredientes sob a forma de pó: 20g de **cardamomo**, 10g de *vanshalochan* (a passa do bambu), 10g de **resina de lentisco** (da árvore *Pistacia lentiscus*, do sul da Europa), 100g de **amêndoas** descascadas e 50g de *harada* (*Chibulic myrobalan*). Faça um purê com todos os ingredientes e guarde em um recipiente de prata ou, se isso não for possível, mantenha um pedaço de prata pura no recipiente e mexa de vez em quando (não use jóias, pois quase sempre contêm ligas).

   Na medicina ayurvédica, misturamos folhas bem finas de prata a esse purê. Ingira de três a quatro colheres (chá) todos os dias.

   Essa mistura talvez não possa ser preparada fora do continente indiano em virtude da indisponibilidade de alguns ingredientes mencionados. Contudo, cada vez mais, os produtos ayurvédicos estão sendo exportados, e provavelmente alguns desses itens logo se tornarão de fácil acesso.

4. Coloque 1kg de **cenouras** e a mesma quantidade de **maçãs**, corte em pedaços pequenos em um recipiente com 200mL (uma xícara) de água e leve para cozinhar em fogo baixo com a panela tampada por 15 minutos. Adicione cerca de 500g de açúcar e continue a cozinhar

Rejuvenescimento e Afrodisíacos

por mais uma hora, mexendo de vez em quando, até se tornar uma pasta grossa. Deixe esfriar e depois acrescente os seguintes ingredientes em pó (25g de cada um): **cardamomo**, **cravo**, **canela**, **manjericão**, **gengibre seco**, folhas de **louro**, sementes de *ajwain* ou **tomilho** e sementes de **endro**. Junte também 50 grãos de **pimenta** e cerca de 40g de **cominho** e de **anis**, e 70g de *amala*, *harada* e *baheda*. Após misturar bem todos os ingredientes, adicione 500g de **mel**, que age como conservante. Ingira duas colheres (chá) todas as manhãs ou antes de deitar.

Você poderá fazê-lo sem a *amala*, a *harada* e a *baheda*, se não estiverem disponíveis. Nesse caso, ingira uma dose dupla.[23]

5. O **alho** é um produto rejuvenescedor e também afrodisíaco. A dose diária de alho é de 1 a 4g, ou dois a três dentes médios, mas é necessário ter cautela: comece com um dente pequeno e depois aumente a dose até três dentes. O alho pode ser de difícil digestão, por isso a ingestão deve ser de acordo com sua constituição e poder digestivo. Pare de usar se sentir problemas digestivos, sede excessiva e inquietude. Descubra sua constituição, com o auxílio das tabelas apresentadas na Parte III, e coma o alho de acordo com a dosagem a seguir.

- Se sua constituição é **vata**, consuma o **alho** amassado com uma colher (chá) de ghee. Não beba nada frio por pelo menos uma hora.
- Se sua constituição for **pitta**, amasse o **alho** em uma colher (chá) de **açúcar cristal** e tome um copo de água fria depois.
- As pessoas de constituição **kapha** devem amassar o **alho** e misturar com uma colher (chá) de **mel**.

A melhor maneira de combater o **cheiro forte do alho** é mastigar cinco ou seis **cardamomos** diariamente. O cardamomo tem vários outros efeitos

---

[23] Uma mistura igual dos frutos da *amala*, *harada* e *baheda* é chamada de *tripala* (que significa, literalmente, "três frutos"). Ajuda a estabelecer o equilíbrio no corpo, sendo também eficaz como tônico geral. Uma colher (chá) também pode ser tomada a cada manhã, com mel, ou deixada em um copo com água durante a noite para ser bebida na manhã seguinte. Atualmente, vários produtos ayurvédicos encontram-se disponíveis no Ocidente; é bem provável que você encontre a *tripala* pronta em lojas de produtos naturais.

positivos sobre a saúde. (Para detalhes, consulte o meu livro *Ayurveda – a medicina indiana que promove a saúde integral.*)

6. O **açafrão** também é um produto rejuvenescedor, como já foi mencionado. Para esse efeito, misture 25g desse condimento com 50g de **açúcar cristal** e outros 50g de ghee aquecida e bata bem. Beba meia colher (chá) todos os dias, com leite quente. Se você não gosta de leite, simplesmente tome a mistura pura ou tente com água ou chá quente. Não beba nada frio por pelo menos uma hora.

Um lembrete sobre os ingredientes:

As nozes devem ser compradas sem ter passado por nenhum tratamento e as amêndoas devem sempre estar com pele. Cuidado ao comprar outras ervas e especiarias: verifique se não estão velhas. Não compre sob a forma de pó. As ervas e especiarias perdem seu valor com o tempo, e bem mais rapidamente se estiverem moídas ou em pó. Você poderá moê-las com facilidade em um moedor de café, a menos que seja especificado um moedor manual. Antes de moer, verifique se tanto as ervas quanto as especiarias estão limpas (retire as pedras etc.). Coloque-as por pouco tempo ao sol ou no forno em fogo baixo antes de moer. Para mais detalhes sobre as propriedades farmacêuticas de vários desses ingredientes, os métodos de fazer o pó, cozimentos ou outros detalhes quanto aos preparados em geral, você poderá consultar o livro Ayurveda – a medicina indiana que promove a saúde integral, *de minha autoria.*

4. **O rejuvenescimento da mente é igualmente essencial.**

Cada pessoa deveria ter alguns minutos de silêncio e concentração imediatamente após se levantar de manhã e antes de ir se deitar à noite, acompanhado de práticas de *pranayama*. Você também pode rejuvenescer a mente aderindo a este simples código de conduta: permanecer concentrada naquilo que estiver fazendo em determinado momento.

O sono rejuvenesce tanto o corpo quanto a mente, por isso certifique-se de que está dormindo bem. O sono em excesso é tão nocivo quanto a falta dele. Os adultos não devem dormir mais do que sete a oito horas por noite, e precisam evitar dormir durante o dia, exceto durante as tardes de verão. Sono em demasia conduz a letargia e indiferença ao desejo sexual.

A mente também pode ser rejuvenescida com uma massagem na cabeça, utilizando-se óleos específicos para esse propósito, tais como os óleos de *amala*, *Brahmi* ou *Bhringraja*. Se não estiverem disponíveis, você pode substituí-los por óleo de amêndoa ou de gergelim. Tipos diferentes de oleaginosas, especialmente a castanha-de-caju e as amêndoas, ajudam a revitalizar o cérebro e devem ser incluídas em sua dieta durante os meses de inverno. As sementes de abóbora-moranga branca reforçam os nervos.

5. O rejuvenescimento cria uma sensação de bem-estar e de realização.

Corpo e mente regularmente rejuvenescidos produzem sensação de bem-estar, disposição agradável e aparência atraente. Isso desencadeia a atitude liberal e livre em relação a vida, relacionamentos harmoniosos no ambiente próximo e sentido adequado de tempo e espaço. Desse modo, aproximamo-nos da intuição e da sabedoria.

6. Os métodos de rejuvenescimento são fundamentais para a realização sensual e uma experiência profunda da união sexual.

Para uma realização sensual completa e uma experiência profunda da sexualidade, ambos os parceiros devem se expressar de modo espontâneo, sem restrições ou constrangimentos, e isso somente será possível se o casal compartilhar de uma sensação de bem-estar dentro de si e estiver em harmonia com o ambiente.

7. Os afrodisíacos devem ser compreendidos corretamente e utilizados de modo adequado.

A palavra *afrodisíaco* geralmente não é bem compreendida nos tempos modernos, e os próprios afrodisíacos são, muitas vezes, mal utilizados. Muitas pessoas acham que se trata de substâncias misteriosas que aumentam demasiadamente o potencial sexual. E outras fazem grandes negócios vendendo os chamados afrodisíacos sem qualquer especificação para curar problemas sexuais. Mas os verdadeiros afrodisíacos variam muito, e acredita-se que funcionem em níveis e aspectos diferentes da sexualidade. Embora variem amplamente, todos elevam um ou mais desses aspectos sexuais: impulso, duração do ato, vigor, excreção ou atração. Podem ser divididos em quatro categorias principais:

- Afrodisíacos que aumentam as secreções sexuais, melhoram a qualidade do sêmen e promovem a fertilidade.
- Afrodisíacos que aumentam a excitação e o vigor sexual.
- Afrodisíacos que ajudam a prolongar a atividade sexual.
- Afrodisíacos que aumentam as excreções e a excitação sexual.

As substâncias, ações ou fatores que reduzem o vigor sexual, a fertilidade e outros aspectos podem ser chamados de *anafrodisíacos*, e sua remoção é essencial antes da aplicação de qualquer afrodisíaco. Na verdade, vários problemas na sexualidade podem ser atribuídos a impedimentos causados por fatores e situações que agem como anafrodisíacos.

Nos textos antigos, afrodisíacos e seus efeitos são descritos principalmente em relação aos homens e, quando as mulheres são mencionadas, o foco é todo voltado para a fertilidade e a lactação. Não que os indianos antigos não pensassem que as mulheres não aproveitassem a sexualidade ou que não tivessem orgasmos; pelo contrário, eles achavam que a mulher já apresentava muito mais energia sexual do que os homens. Ela é o reduto da sexualidade. Talvez eles pensassem que a habilidade do homem, sua destreza e seu vigor serviam para evocar a expressão sexual da mulher. Vários tratados antigos também afirmam que as mulheres possuem oito vezes mais energia sexual do que os homens e que a mulher atraente é o afrodisíaco mais eficaz. Já discuti o assunto com alguns médicos ayurvédicos, ou *vaidyas*, que pensam que, além do cuidado adequado após o parto, as mulheres não precisam de qualquer afrodisíaco. Talvez os antigos escritores homens achassem que a mulher, por ser fonte de energia sexual, possivelmente não necessitasse de nada mais para aumentá-la.

Vejo que essa visão não somente ignora as mulheres, como é falha ao considerar os homens que apresentam um percentual maior do princípio feminino, incapazes de conduzir uma mulher em um relacionamento sexual. Deve-se também ensinar para as mulheres maneiras de modificar sua expressão sexual de acordo com as qualidades do parceiro.

Precisamos considerar que, na tradição étnica, muitos aspectos dos cuidados das mulheres foram deixados nas mãos delas mesmas. Essa sabedoria tradicional foi passada somente de forma oral, de geração em geração, sem que houvesse necessidade de interferência de pensadores.

8. O uso de afrodisíacos deve ser adequado à época, ao local e à necessidade.

Uma pessoa com saúde e energia normais, em geral, não precisa de afrodisíacos. A remoção dos anafrodisíacos e a terapia do rejuvenescimento ajudam a aumentar o vigor sexual e a capacidade de controlar o ato sexual. Entretanto, afrodisíacos específicos podem auxiliar em certas circunstâncias e situações de vida. A "época" referida no sutra significa tanto a idade quanto o momento do ano. Por exemplo, durante a juventude, o desejo sexual e as secreções são abundantes, e os afrodisíacos não devem ser tomados sem uma necessidade específica. Além disso, em cada caso, a pessoa deve tentar primeiro eliminar os bloqueios na expressão sexual antes de começar a usar afrodisíacos.

Existem momentos na vida da mulher que ela precisa dos afrodisíacos, especificamente após o parto ou no período da pré-menopausa. O estado de choque comum nesses períodos pode exercer efeitos negativos tanto sobre os homens quanto sobre as mulheres. Uma terapia de afrodisíacos e o aconselhamento com um bom médico holístico podem ajudar nesses casos.

O casal deve prestar atenção ao seu comportamento sexual e às mudanças que ocorrem com o passar do tempo. Eles devem se esforçar para renovar e revigorar seu relacionamento. Se acharem que têm cada vez menos interação sexual, deverão cuidar imediatamente dessa situação conversando e adotando medidas para melhorá-la. A demora sempre piora a situação e poderá torná-la ainda mais complicada.

Quando as pessoas ficam juntas por bastante tempo, muitas vezes parece que a sexualidade definha, talvez por desinteresse e negligência. É então que os afrodisíacos, associados ao esforço pessoal, podem ser importantes. Em uma situação como a de uma família tradicional, a mulher geralmente sofre mais, pois os homens com freqüência buscam relacionamentos fora do casamento. A mulher com filhos costuma se sentir mais limitada e não consegue se permitir outra relação. Lembre-se de que os afrodisíacos não são o único recurso e que existem outros fatores que aumentam a sexualidade, como, por exemplo, massagens, cuidados com o corpo, modo de vestir, odores agradáveis etc. Preste atenção ao ritmo e à variedade na sua sexualidade, e use os afrodisíacos adequados para manter viva a relação com seu parceiro.

As substâncias afrodisíacas devem ser adequadas ao momento e às condições climáticas de determinado lugar, e não devem provocar efeitos colaterais. Por exemplo, o alho é um afrodisíaco que aumenta as secreções sexuais e o vigor. Mas não o utilize em um clima quente e ingira somente na quantidade adequada para não criar efeitos colaterais, como sede excessiva ou inquietude. O aspargo também é afrodisíaco, mas é de natureza fria e não deve ser ingerido em maior quantidade durante o inverno. Na verdade, o preparo balanceado do aspargo que foi descrito aqui não produz efeitos colaterais.

Os afrodisíacos devem ser utilizados segundo as necessidades e circunstâncias. Algumas pessoas são fracas em sua expressão sexual e vigor, e incapazes de manter uma união prolongada. Outras podem apresentar bloqueio em decorrência de crenças religiosas ou de alguma outra influência externa. Algumas mulheres podem precisar de algo que as auxilie a atingir o ápice da expressão sexual, enquanto alguns homens talvez necessitem de ajuda para prolongar sua atividade sexual. Alguns preparos afrodisíacos bons agem sobre as excreções sexuais, resistência e vigor ao mesmo tempo. As mulheres podem não apresentar secreção vaginal, e os homens, ereção. As medidas afrodisíacas podem ser úteis em todos esses casos, após uma terapia rejuvenescedora apropriada.

MÉTODOS DE PREPARO DE ALGUNS PRODUTOS AFRODISÍACOS

Utilize os seguintes preparados de acordo com a necessidade específica. Estude cuidadosamente seu problema e tente um ou mais dos medicamentos.

Medicamentos ayurvédicos

Afrodisíacos para aumentar as secreções sexuais, energia e vigor

1. **Leite de vaca com ghee e açafrão:** É a mistura mais simples, e sugere-se que você faça dela uma parte da sua nutrição diária. Aqueça cerca de 200mL (uma xícara) de leite de vaca, adicione um pouco de açúcar cristal (a gosto), uma pitada de açafrão puro e duas colheres (chá) de ghee de vaca. Misture tudo com uma colher. Tradicionalmente, esse preparado é ingerido ao anoitecer. Certifique-se de adquirir o leite e o ghee de fonte orgânica e não industrializados.

2. **Preparado de amêndoa:** Deixe as amêndoas de molho em água durante uma noite e depois descasque-as. Moa até que se tornem uma pasta fina a ponto de, se você esfregar um pouco na pele, ela ser parcialmente absorvida. Prepare essa pasta em um pilão ou almofariz de pedra e não utilize moedor elétrico. Adicione uma quanti-

dade igual de mel e misture bem. Beba três ou quatro colheres (chá) dessa mistura acompanhada de leite quente todos os dias. Como mantém o valor mesmo com o passar do tempo, você poderá fazer quantidades maiores: por exemplo, com 200g de amêndoas e 200g de mel. Mas para conseguir o tipo de pasta fina que você precisa terá de usar uma quantidade pequena de amêndoas de cada vez.

3. **Preparado de alho e mel:** Separe 100g de alho fresco de boa qualidade. Após descascá-lo, moa e adicione 200g de mel. Coloque o preparado em um recipiente fechado e coloque para descansar no armário, longe da luz e do calor, por 21 dias. Como o alho é leve, ele flutua na superfície, e você precisará agitar a mistura por meio minuto todos os dias com uma colher e fechar o recipiente novamente. Beba meia colher (chá) diariamente. Diminua a quantidade se surgirem efeitos colaterais. Veja o quadro que acompanha o Sutra 3 para saber mais sobre o alho, seus efeitos colaterais e maneiras para se livrar do seu odor.

4. **Preparado de alcaçuz:** Para uma única dose, separe uma colher (chá) de alcaçuz em pó fino, adicione uma colher (chá) de ghee e outra de mel, e misture todos os ingredientes.

5. **Preparado de *amala*:** Deixe 100g de pó de *amala* em 150mL (2/3 de xícara) de molho em água por uma noite. Coe o líquido em um pano fino (jogue fora a parte sólida ou utilize-a como um composto). Adicione outros 100g de pó fino de *amala* a esse concentrado e misture bem. Espalhe em um prato ou bandeja, e deixe secar ao sol. Acrescente duas colheres (sopa) de ghee, duas de açúcar cristal (preferencialmente orgânico) e duas de mel. Beba duas colheres (chá) ao dia.

6. **Preparado de feijão *urad*:** O feijão *urad* (do formato do feijão-mungo, mas de cor preta e não verde) possui qualidades afrodisíacas tremendas. O feijão *urad* é um alimento forte e pode causar desequilíbrio se não for preparado em combinações específicas. Veja a seguir um exemplo:

   Separe 200g de feijões sem casca (eles são encontrados com facilidade em lojas de produtos indianos. São chamados de *urad dal*). Limpe e cate as pedras, depois lave-o bem algumas vezes. (Se você conseguir somente com casca, deixe de molho em água por três a quatro horas e depois descasque.)

   Coe o feijão e deixe de molho em 150mL (2/3 de xícara) de leite previamente adoçado com 50g de açúcar (preferencialmente orgâni-

Rejuvenescimento e Afrodisíacos

co). Deixe por cinco a seis horas, ou por uma noite. Em clima quente, sem ar-condicionado, reduza o tempo para duas ou três horas.

Amasse em um pilão ou com a mão, e você terá uma massa de consistência mole, espessa e pegajosa. Ela poderá, então, ser utilizada para fazer panquecas grossas ou pequenas bolas. Ambas deverão ser fritas em ghee.

A quantidade descrita é para um suprimento de três dias. Guarde na geladeira e frite as panquecas ou bolas antes de comê-las. Como é um prato substancial, reduza a quantidade de outros componentes das refeições.

Essa mistura pode ser feita em grande quantidade e estocada. Se preferir, faça pequenos discos achatados, como biscoitos. Coloque-os em pratos untados com manteiga ou ghee e ponha para secar ao sol por um período correspondente à intensidade do calor. (Ou tente secá-los em forno em climas mais frios.) Já secos, poderão ser guardados por vários meses, na temperatura ambiente. Frite-os em ghee pouco antes de comer.

7. **Aspargo:** Duas colheres (chá) de aspargo seco em pó devem ser ingeridas com leite adoçado todos os dias. Adoce o leite com açúcar e não com mel, o qual nunca deve ser aquecido, de acordo com a sabedoria ayurvédica. Durante a estação de crescimento dos aspargos, corte os talos em pedaços pequenos e seque-os para um suprimento de longo prazo.

8. **Afrodisíaco de iogurte:** Faça o seu iogurte com a nata do leite integral, como explicado anteriormente. Retire a camada superior de gordura dessa coalhada e adicione mel, pimenta (um pouco) e cardamomo em pó. Deve ser ingerido com arroz cozido ghee.

Duração sexual e impotência

Com os afrodisíacos descritos anteriormente para aumentar as secreções sexuais, a duração do ato sexual será automaticamente prolongada e os problemas de impotência ocasionais também serão curados. A razão é que, quando o vigor cresce junto com a energia sexual, obviamente ela é sustentada por um tempo maior. Entretanto, em alguns casos, são necessárias medidas extras para tratar a questão.

1. **Noz-moscada:** A dose diária é de meio grama da noz moída ou ralada (cerca de um quarto de noz de tamanho médio). Você pode colocá-la na sopa ou em outro alimento ou ingeri-la com um copo de água morna.
2. **Nutrição:** Para prolongar a duração sexual, não coma alimentos amargos ou salgados demais. Ingira os alimentos com ghee e leite. Use gergelim, coco, pimenta-longa e gengibre nos pratos.
3. **Aplicação externa com pasta de noz-moscada:** A pasta de noz-moscada é usada para curar a impotência. Faça um pó fino em um pilão ou almofariz ou moedor de pedra, depois adicione óleo de gergelim até conseguir uma pasta bem fina. Ela deverá ser esfregada diretamente sobre o pênis todos os dias e permanecer na região por várias horas ou durante a noite. Na verdade, a pasta seca rapidamente e se desprende por si só.
4. **Tratamento com folha de bétel:** Outra maneira de curar a impotência é enrolar a folha de bétel untada com óleo cru de noz-moscada em torno do pênis, com o auxílio de uma bandagem, e deixar por uma noite.

Duração sexual nas mulheres

Algumas mulheres têm problemas para atingir o ápice de sua expressão sexual e podem desejar diminuir esse período para se tornar mais compatível com seus parceiros. A mistura de açúcar mascavo, polpa de tamarindo e uma pequena quantidade de pimenta esfregada na vagina pode ajudar a atingir o ápice da expressão sexual rapidamente, e também aumentar a secreção sexual. Misture uma colher (chá) de açúcar mascavo com outra de polpa de tamarindo e um ou dois grãos de pimenta.

Impotência devido à idade

Frite algumas pimentas-longas (*Piper longum*) em quantidades iguais de ghee e de óleo de gergelim. Moa-as depois de fritas e cozinhe-as em leite vaporizado por meia hora. Resultará em uma pasta, que deve ser ingerida em doses pequenas – meia colher (chá) com um copo de leite quente – ou com arroz cozido com leite e ghee. Esse preparado é particularmente útil para reduzir os efeitos da idade sobre a energia sexual.

Medicamentos homeopáticos

a. *Agnus castus* deve ser ingerido quando existem sintomas como aversão ao contato sexual, leucorréia amarela e melancolia sexual. Para os homens, é administrado quando não há ereção ou desejo sexual. Dose: *Agnus castus 6X*, três vezes ao dia.
b. *Phosphoricum acidum* deve ser usado pela mulher que não apresenta desejo sexual após o parto e quando existe fraqueza em decorrência da amamentação. Dose: *Phosphoricum acidum* 30X, três vezes ao dia.
c. *Natrum muriaticum* é administrado para curar o desejo sexual diminuído em virtude de alguma razão psicológica, como medo, ansiedade, sofrimento ou choque. Dose: *Natrum muriaticum* 200X, uma vez a cada três dias.
d. *Sépia* é administrado quando existe falta de desejo sexual causada por alguma dor na vagina durante o ato sexual. Dose: *Sepia* 200XL, em dias alternados.

9. Afrodisíacos e anafrodisíacos devem ser utilizados com o objetivo de assegurar uma parceria sexual harmoniosa.

A incompatibilidade sexual entre dois parceiros pode ser preocupante e possibilitar o surgimento de outros problemas. Ela pode também surgir em decorrência das variações no comportamento sexual e quando o vigor sexual de um dos parceiros é maior que o do outro. Esses casos devem ser tratados com o uso de afrodisíacos e anafrodisíacos, estes últimos sendo especialmente necessários para aqueles com vigor sexual excessivo.

O objetivo nobre de assumir medidas afrodisíacas deve ser o de desenvolver a comunicação nos níveis físico, mental e espiritual durante o ato sexual. Se usar os afrodisíacos meramente para revelar sua capacidade sexual, você somente vai gerar desequilíbrio ao desviar grande parte da sua vitalidade nessa direção, e enfraquecerá a si mesma.

Algumas pessoas que têm demasiado desejo sexual pensam que, ao usar algum medicamento para se curar, se tornarão incapacitadas para o desempenho sexual. Elas devem compreender que o excesso demonstra desarmonia em seus corpos, que, durante um tempo prolongado, poderá levar a uma enfermidade séria. Pessoas com esse problema geralmente sofrem de desequilíbrio de *pitta* e podem também apresentar distúrbios digestivos. É imprescindível curar essa alteração sem demora. A limpeza interna apropriada e o uso de produtos rejuvenescedores podem contribuir para a recuperação. A energia sexual excessiva também pode ser canalizada por métodos iogues, como os descritos na Parte IX, Sutra 3.

PRODUTOS ANAFRODISÍACOS

Sementes de coentro: O produto anafrodisíaco mais simples e mais facilmente disponível é o coentro. As sementes devem ser ingeridas sob a forma de pó. Tome uma colher (chá) diariamente por alguns dias e repita, se necessário. Cuidado para não comprar sementes velhas. Se você não conseguir ingerir o pó diretamente, faça um chá misturando uma colher (chá) em 250mL (uma xícara) de água e ferva em fogo baixo até reduzir pela metade. Filtre e beba.

Substâncias amargas: Ervas de gosto amargo geralmente apresentam um efeito anafrodisíaco. Sugere-se tomar um chá desse tipo de erva uma vez ao dia.

Nutrição: Pessoas com desejo sexual excessivo devem evitar comer muito gengibre, alho, outras especiarias com sabor picante, caldo de carne e vinho doce, entre outros.

Rejuvenescimento e Afrodisíacos

10. Produtos rejuvenescedores também podem exercer efeito afrodisíaco.

Muitas pessoas confundem a noção de que produtos rejuvenescedores são afrodisíacos. Contudo, o rejuvenescimento é parte importante na Ayurveda, e constitui uma terapia: não está limitada somente a produtos. Entretanto, em casos individuais, as várias medidas terapêuticas podem agir como afrodisíacos. Elas costumam trazer de volta o equilíbrio da energia do corpo, melhorando o desempenho sexual. Além disso, os produtos para rejuvenescimento elevam o *ojas* no corpo. Com o aumento do nível de energia em geral, o desempenho sexual torna-se mais vigoroso e a capacidade de prolongar a união sexual tende a crescer também. Quando a vitalidade geral está baixa, as pessoas em geral reúnem toda a energia para trabalhar; não há outra escolha. Além de ser o meio de vida, para muitas pessoas o trabalho também está ligado a status, nome e prestígio. Após o trabalho, estão exaustas e precisam descansar para reunir energia para o dia seguinte. Em geral, o que mais sofre com isso é a sexualidade. Os produtos rejuvenescedores aumentam a vitalidade do corpo não somente por conter elementos vitais para a vida, mas também porque regulam a digestão e aumentam a assimilação dos nutrientes.

A massagem é, ao mesmo tempo, rejuvenescedora e afrodisíaca. Em nossa época agitada, *vata* tende a ser dominante em decorrência do excesso de atividade e da nutrição incorreta. A massagem coloca o humor em equilíbrio, reforça os nervos e abre os canais de energia. No contexto atual, não deve ser compreendida como algo que visa a excitação sexual temporária. Pelo contrário, ela deve ajudar a pessoa a encontrar um estado mental de repouso que permita que ela participe das atividades sexuais com grande vigor e entusiasmo. Seu propósito não é fazer da energia sexual uma centelha que chega com grande velocidade e acaba rapidamente, mas intensificar a expressão e prolongar a duração do ato sexual. Ela deve ser feita com o objetivo de levar a outra pessoa ao estado de relaxamento completo.

Se a expressão sexual for prejudicada em virtude de uma grande fadiga, a massagem de corpo inteiro será muito útil. Se isso não for possível, os pontos mais importantes para esse propósito são as palmas das mãos, as solas dos pés, as orelhas, os dedos dos pés, a parte inferior do pescoço e a região do final da coluna. Esta última é especialmente importante porque é o local de pontos energéticos concêntricos. Massageie toda a coluna vertebral pressionando e fazendo movimentos circulares em cada vértebra. Depois, concentre-se da mesma maneira sobre os locais dos cinco chacras que estão posicionados ao longo da coluna (Figura 28).

II. Antes de utilizar afrodisíaco, retire todos os anafrodisíacos.

Se você não afastar todos os fatores que podem ser um impedimento para a expressão sexual antes de usar os afrodisíacos, estes dificilmente serão eficazes. Será como jogar lenha na fogueira com uma das mãos e água com a outra.

Diversos fatores podem agir como anafrodisíacos. Atitude sexual, trabalho em excesso, fadiga, exaustão, mente inquieta, pensamentos sobre outra pessoa, falta de atmosfera apropriada, medo, uso de sedativos ou algum outro medicamento, estilo de vida mecanizado e frenético, falta de apreciação pelo parceiro, fraqueza geral do corpo, falta de *ojas*, experiências anteriores desagradáveis, exposição negativa à sexualidade, leitura e visão de material pornográfico e fantasias sexuais; todos eles são alguns dos fatores anafrodisíacos reconhecidos.

Para se livrar de todos os impedimentos ao fluxo da energia sexual, primeiro identifique seu problema exato. Se desenvolver a força mental com os métodos já explicados, conseguirá se diagnosticar sozinha, o que é preferível a buscar aconselhamento externo. A maioria das pessoas não é capaz de fazer isso porque, em vez de buscar o verdadeiro problema e a solução, passa a maior parte do seu tempo culpando os outros pelo que lhe aconteceu. Isso só piora a situação, em vez de resolvê-la. A psicologia moderna causou grandes danos à mente ocidental nesse aspecto.

Antes de usar os afrodisíacos, você deve passar por uma limpeza interna. No Ayurveda costuma-se dizer que, assim como o pano sujo não absorve a sujeira adequadamente, os produtos afrodisíacos não atuam se tomados sem evacuação apropriada.

PERFUMANDO A VAGINA

É desagradável apresentar um odor forte na vagina, assim como na boca. Além do efeito sobre a interação sexual, isso também não é saudável. Portanto, se acontecer, deve ser tratado imediatamente. O mau odor pode decorrer de alguns alimentos, porque na mulher, assim como as axilas, esta é uma área para liberação de certas substâncias consumidas pelo corpo. Aqui estão algumas medidas simples para se livrar do odor vaginal:

1. Aqueça duas colheres (chá) de ghee com um cravo e dois grãos de cardamomo amassados. Deixe cozinhar por meio minuto em fogo baixo. Quando esfriar e atingir uma temperatura suportável, você poderá aplicar o óleo nas paredes da vagina e na abertura vaginal para criar um odor agradável.
2. Óleo de sândalo diluído, uma pasta feita com a madeira dessa planta friccionada ou óleo de anis diluído podem ser esfregados na área vaginal para conseguir um odor agradável. Se preferir usar óleo essencial, simplesmente dilua algumas gotas em duas colheres (sopa) de água.
3. Algumas flores perfumadas como jasmim, rosa e lavanda podem ser cozidas em fogo baixo no óleo de gergelim para obter um óleo perfumado. Utilize 50g de flores para 100mL (meia xícara) de óleo de gergelim e deixe em fogo baixo por dez minutos. Ou simplesmente dilua um óleo essencial – uma parte de óleo para dez partes de óleo de gergelim.

O resultado deverá ser aplicado nas paredes da vagina e na vulva.

Aqui termina a Parte X de
Kama Sutra para mulheres,
sobre rejuvenescimento e afrodisíacos.

Parte XI

Sexualidade e Espiritualidade

ग्यारवां भाग
काम का आत्मज्ञान से सम्बन्ध

Um sábio partilha do prazer sensual à medida que ele ocorre, com uma mente imparcial, e não fica prisioneiro do desejo.

Gopal-uttra-tapini Upanishad

1. A sexualidade é a mais intensa de todas as experiências sensuais.

A sexualidade é a experiência sensual mais intensa, porque todos os cinco sentidos estão simultaneamente envolvidos em sua capacidade máxima durante o ato amoroso. Pode-se dizer que existe um fluxo espontâneo de energia durante a expressão sexual. Entretanto, se houver impedimentos, a intensidade diminui. Por exemplo, pele áspera, odor repugnante ou sabor desagradável podem atrapalhar um beijo apaixonado. Uma mordida de mosquito pode ser a causa de uma súbita interrupção. Portanto, tente remover os possíveis obstáculos no início da atividade sexual. O aspecto único da sexualidade é o envolvimento de duas pessoas, cada uma com a expressão dos seus cinco sentidos: uma orquestra de cinco pares de sentidos se intercomunicando ao mesmo tempo individualmente e com outras pessoas.

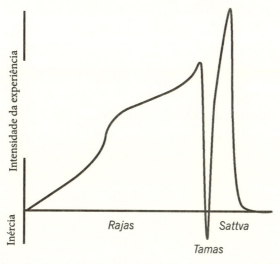

Figura 35. As fases da experiência sexual variam em termos das três qualidades fundamentais.

Durante a atividade sexual, os sentidos chegam ao ápice de expressão, e depois atingem um estado em que cessa toda a ação. A experiência sexual consiste em três estágios que correspondem às três qualidades fundamentais da Substância Cósmica – *rajas*, *tamas* e *sattva* (Figura 35). O preparo sexual e a atividade, incluindo o embelezamento pessoal para ficar sexualmente atraente e a maior parte do próprio ato sexual, indicam *rajas*. Após essa intensa atividade, vem a fase de *tamas*, quando a ação começa a parar porque os sentidos não conseguem mais prosseguir. Após esse ligeiro estado de *tamas*, a pessoa entra na última fase da sexualidade – o momento de beatitude, a experiência de consciência pura. Durante esse estágio, a mente habita em seu elemento *sattva* e se torna una com a alma em vez de se identificar com os sentidos. Esse momento tem sido descrito nos textos antigos como *Brahmananda* – a alegria de vivenciar a Alma Suprema, ou o Absoluto. Nesse ponto, a pessoa transcendeu os sentidos e atingiu aquele imenso estado de energia pura, que é a causa do nosso ser.

Para transcender os sentidos é preciso primeiro vivenciá-los intensamente. Isto é verdadeiro não somente para a sexualidade como também para o ioga. Por exemplo, uma experiência excessivamente forte de um sentido em particular conduz a um estado intenso demais para ser tolerado, de modo que a pessoa transcende aquele estado e atinge uma mente livre de pensamentos. Da mesma forma, as atividades da mente são silenciadas quando se alcança estabilidade.

Um adepto de ioga se empenha em longo prazo para atingir um estado em que é capaz de transcender os sentidos por meio dos esforços da mente. Similarmente, o período de *rajas* na sexualidade é muito longo. A atividade atinge o ápice, e ocorre a sensação breve, porém intensa, de exaustão – a fase de *tamas*. Depois disso, a pessoa entra no estado de *sattva*.

Sexualidade e Espiritualidade

2. A sexualidade conduz a uma beatitude momentânea – uma rápida experiência de consciência pura.

Quando cessa toda a ação dos sentidos, o que resta é o nada. A pessoa atinge o estado de vácuo, que é imenso e indescritível, acompanhado de uma felicidade intensa. Não se pode dizer que é uma "sensação" de felicidade, pois nesse momento em particular não existe sensação. Vivencia-se a felicidade, e sua realização vem após esse momento específico.

A mente produz uma cadeia contínua de pensamentos o tempo todo. Embora esteja fechada a novos conhecimentos durante o sono, pois os sentidos estão repousando, o processo de pensamento mantém seu fluxo sob a forma de sonhos, ou em nada mais do que a realização do sono, seja ele bom ou deficiente. É possível interromper a cadeia de pensamentos por meio de várias práticas iogues. O mesmo estado é atingido temporariamente com a experiência sexual.

De acordo com a filosofia do ioga, a mente é tanto a causa do envolvimento no mundo como o caminho para seu afastamento rumo ao estado de consciência pura. Contudo, o objetivo do ioga não é ter uma experiência de consciência pura, mas sua realização final. Por intermédio da sexualidade, nós momentaneamente atingimos a união com o agente do ser. Tecnicamente, é similar à experiência iogue, porém muito breve.

3 Uma experiência espiritual é aquela que está além da experiência sensual e pode ser atingida com a transcendência dos sentidos por meio dos esforços da mente.

O agente do ser é a alma, que é somente energia. Ela não está envolvida com o mundo. É como um vidro que reflete, ou um espectador que não participa de atividade alguma, mas vê a cena sem estar envolvido. Normalmente nos identificamos com nosso ser físico porque ele tem aparência, forma, cor e outros atributos. Contudo, o ser verdadeiro de um indivíduo é a alma que infunde vida no corpo dos cinco sentidos e na mente. A mente é considerada o sexto sentido na tradição hindu. Ela controla e coordena os outros cinco sentidos.

Quando a mente se retira dos sentidos por intermédio dos seus próprios esforços e atinge um estado de estabilidade, adquire a natureza da alma, que é estável, inativa e que não se envolve. Essa experiência é chamada de experiência espiritual, e é atingida somente por intermédio da transcendência dos sentidos.

4. Por intermédio da prática e do esforço pessoal a experiência da beatitude pode ser prolongada.

A sexualidade conduz à beatitude momentânea, uma experiência de consciência pura, estado no qual a mente está estável e se identifica com o agente do ser – a alma. Aquilo que se consegue alcançar por meio da sexualidade é uma experiência bem breve da espiritualidade. Os sentidos se expressam inteiramente e, então, sua atividade cessa, ocorrem a estabilidade e a experiência do vácuo, e a mente se torna una com a alma – o agente da consciência. Nosso ser físico e mutável se dissolve por um momento em nosso ser real, imortal.

Esse estado de beatitude pode ser prolongado por meio do esforço pessoal e da prática constante. Normalmente, o estado breve de beatitude é o resultado natural da sexualidade. Todos o apreciam, desfrutam e o acham estimulante. Tecnicamente, mesmo uma breve experiência é espiritual, mas é muito rápida para assumir esse caráter. O nosso objetivo ao falar de sexualidade e espiritualidade é prolongar a experiência por meio dos esforços da mente, por intermédio de métodos iogues de controle da mente. Tudo começa no ponto em que a estabilidade da mente foi atingida.

Sexualidade e Espiritualidade

5. Apesar das diferenças na aparência externa, nas opiniões e visões, a energia indestrutível e imutável, que é o agente da consciência, é semelhante em todos os seres humanos.

Alguns de vocês podem achar que a experiência da espiritualidade por meio da sexualidade é privilégio somente de algumas pessoas especiais, dotadas de força mental ou intelecto superior. Apesar das diferenças em nossas manifestações físicas, o ser interior é o mesmo em todos os seres humanos. Se somos negros, brancos ou pardos, ricos ou pobres, qualquer que seja nosso meio de vida, independentemente de qualificações educacionais, honra, *status* ou título, nossos corpos e mentes são feitos dos mesmos elementos cósmicos, e a energia que infunde a vida em nós é a mesma. As variações na organização dos cinco elementos em decorrência do estoque do nosso carma anterior nos fazem diferentes uns dos outros de inúmeras maneiras e modos. Entretanto, a luz que nos mantém vivos não é tocada pelo carma e por seus resultados. Seu poder não diminui nem aumenta sob circustância alguma. Os sofrimentos ou prazeres que resultam do carma são assimilados pelo ser físico. Para haver experiência espiritual, temos de transcender o ser físico limitado pelo tempo e pelos resultados da mudança constante no universo fenomênico por causa do carma, e sermos um com o agente do ser. Como este último é o mesmo em todos nós, o caminho para a espiritualidade está igualmente aberto a todos os seres humanos. Isso não significa que alguns não necessitem de mais esforço e treinamento mental do que outros para atingir esse objetivo.

6. Alcançar a experiência espiritual por meio da sexualidade requer imersão completa na sensualidade.

A imersão completa na experiência sensual é necessária se sua intenção final é transcender os sentidos. Sua atenção não deverá ser desviada durante a união sexual. Todos os esforços, tanto da mente quanto do corpo, devem permanecer concentrados nos detalhes do seu ser físico e nos sentimentos sutis da outra pessoa. Durante a união sexual, nada mais é importante: essa permanência de tempo é o momento mais precioso da sua vida. Você está ali, e somente ali. Esqueça que existe um mundo além do seu pequeno ambiente.

Praticar a concentração requererá tempo e esforço consideráveis. Você poderá se questionar por que precisamos da imersão sensual completa se o que estamos almejando é a espiritualidade. É por intermédio da sensualidade que temos de alcançar a energia cósmica dentro de nós. Ela é meramente um caminho, não o objetivo. Se não for intensa, agradável, feliz e realizadora, poderemos permanecer enredados somente nesse estado, eternamente incapazes de atingir nosso objetivo.

O estado alterado da experiência sensual, que surge quando se está totalmente imerso, também a auxilia a atingir a concentração total da mente. Quanto mais ela estiver estabilizada, mais apta você estará para mergulhar na intensidade sensual. A força mental e a intensidade sensual aumentam e reforçam-se mutuamente.

Outro fator importante para uma expressão sensual intensa e regular é o poder de prolongar a união sexual. Em um contato breve, não é possível haver a expressão completa dos sentidos. A intensidade aumenta lentamente durante a comunicação sexual, e o estado aumentado da intensidade deve durar até que a expressão sensual esteja exaurida e a ação cesse. A união sexual breve cria um tipo de tensão e insegurança nas pessoas envolvidas – insegurança que diminui ainda mais a intensidade da expressão. Em outras palavras, se você não consegue alcançar expressão e prazer totais no nível físico, não poderá aspirar a uma experiência profunda de espiritualidade.

Sexualidade e Espiritualidade

7. A concentração da mente, a flexibilidade do corpo e a mestria das práticas de respiração são necessárias para que se dê a experiência espiritual por meio da sexualidade.

Este sutra enfatiza que a espiritualidade não é um tema para ser encarado sem considerarmos tudo que já foi dito sobre sexualidade neste livro.

As práticas de *pranayama* são essenciais ao controle da mente e também devem ser utilizadas para prolongar o momento de beatitude. Quando os sentidos atingirem o ápice de expressão e chegarem ao ponto de entrar em estado de inação, concentre-se totalmente no estado de beatitude que você está prestes a alcançar. Dirija seu *pranashakti* ("poder de vida", isto é, o ar que você inala) para a cabeça no momento em que estiver pronta para entrar no domínio da estabilidade. Depois disso, tente prolongar a experiência espiritual concentrando-se no plexo solar, local do chacra *anahata* (ver Parte VII), que é o quarto a partir de baixo e simboliza a união final e a realização dos princípios masculinos e femininos.

Cada pessoa terá uma experiência diferente no início, em conseqüência das variações no carma. Contudo, com a prática regular, os resíduos do carma anterior se dissolverão gradualmente e você atingirá lucidez espiritual. Se você chegou a essa etapa, será então guiada pela luz da sua alma individual ao reino da imensidão, que é o Absoluto e a Alma Universal.

Para atingir a experiência espiritual é necessária uma prática regular e repetida, a fim de desenvolver o unidirecionamento da mente, que é possível somente se você obteve a mestria sobre sua mente e tem um corpo saudável e vigoroso.

O principal impedimento no caminho do sucesso é que, absorta pela experiência sensual, você tenderá a não discriminar entre os vários estágios da experiência sexual e se perderá neles. O estado de *rajas* é muito longo, enquanto *tamas* e *sattva* são mais intensos, porém muito breves.

8. Para atingir a experiência espiritual, prossiga com o objetivo de transcender os sentidos.

Prossiga visando a experiência espiritual desde o início. A firme determinação de vivenciar a realidade além dos sentidos deverá guiar sua busca pela intensidade sensual. Amplie o aspecto sensual com esse objetivo em mente. O sensualismo aumentado pelo puro prazer físico é algo bem diferente, e isso não conduzirá a uma experiência espiritual como se esta fosse um efeito colateral.

É necessário ter havido anteriormente muita prática e bastante vontade do casal para aumentar a intensidade sensual, a fim de se alcançar o ponto de harmonia em que todos os sentidos estarão sincronizados em seu ritmo. É essencial conseguir a mestria nesse nível antes de aspirar à experiência da espiritualidade.

O progresso no aprendizado para transcender o físico é muito lento, mas com a devida devoção e empenho você verá que ele é constante. Será necessário transcender seu próprio ser físico, como também o do seu parceiro. Se tiver consciência, mesmo que mínima, da outra pessoa no momento da beatitude, ainda estará presa ao mundo fenomênico. Terá de transcendê-la e atingir o estado em que todos os sentimentos cessam. Trata-se de uma experiência de puro vácuo.

CANALIZAR A ENERGIA SEXUAL
DURANTE A UNIÃO SEXUAL

Esse processo é mais elaborado e requer muito mais treinamento se comparado à canalização do impulso sexual. Durante a união sexual, a energia fica espalhada em todas as partes do corpo, e você precisa acumulá-la continuamente e direcioná-la para um propósito específico. O prazer sensual é evocado em várias atividades por meio da sensação tátil, dos sentidos do olfato e do paladar, da linguagem amorosa, da admiração e observação da interação de todos esses atos. Essas atividades despertam uma avalancha de prazer. Contudo, ele não aparece em um contínuo, mas em um ritmo periódico, como as ondas do mar. A cada vez, a sensação de alegria deve ser direcionada para cima (para a mente) ou para o plexo solar, o que requer um esforço mental constante para evitar que você se perca nessa alegria em um nível físico consideravelmente mundano. Quando comparado ao direcionamento do impulso sexual, esse método é difícil; no primeiro, uma quantidade de energia é transportada, enquanto no último as porções espalhadas da energia são acumuladas vindas das várias partes e transportadas a cada vez. Por outro lado, esse processo lhe proporciona acúmulo intenso de prazer em outro nível que não o físico. Tem-se a sensação de satisfação da mesma maneira, mas não é como a liberação de energia acompanhada pelo sentimento de exaustão. Pelo contrário, é enriquecedor e traz força e vigor.

Esse método pode ser especialmente benéfico quando você se sente insegura a respeito do seu parceiro, e o relacionamento é instável. Ao utilizar esse método iogue, o outro se torna o elemento menos importante e você adquire uma força imensa. O outro está ali para você, porém é como se não estivesse. A realidade física do outro é um meio para suas atividades, mas você não sente mais que ele é indispensável e, com isso, a insegurança desaparece. Você adquire o estado mental almejado pelo adepto do ioga. Retém o corpo e seus sentidos, e todas as ações do mundo são realizadas por meio deles, mas seu estado de mente se torna transparente para as atividades do mundo, que são percebidas por intermédio dos sentidos.

9. A experiência além dos sentidos conduz à lucidez espiritual.

A experiência além dos sentidos é a da imensidão e da unicidade com a energia cósmica. Ela conduz à realização do verdadeiro ser – a alma e sua união com o poder cósmico do ser. Trata-se de um estado de lucidez espiritual. A experiência espiritual, obtida por meio da sexualidade ou do ioga, nos leva a perceber mais do que conseguimos com os nossos sentidos. O domínio da realidade se amplia, conduzindo a uma melhor apreensão da vida e do cosmo, fomentando um conhecimento discriminador para prever eventos e agir com sabedoria. A lucidez espiritual se torna uma força condutora em nossa vida, formando um estado bem-aventurado de equilíbrio, força e energia para pairar acima das situações felizes e infelizes da vida.

10. A lucidez espiritual conduz à experiência do infinito.

A experiência repetida da lucidez espiritual nos leva a nos identificarmos com o ser verdadeiro: a alma. A alma é uma fonte imensa de energia, uma vez que se trata de parte da energia universal. Por isso, a experiência espiritual repetida nos conecta com a energia cósmica infinita.

11. A energia espiritual pode ser direcionada ao bem-estar da humanidade.

A energia espiritual obtida dessa forma pode ser utilizada para curar doenças, insuflar coragem e mostrar o caminho correto para as pessoas. Para utilizar a energia espiritual para um propósito específico, concentre-se no objeto durante o momento de beatitude. Por exemplo, se você deseja se curar, dirija seu *prana* para a parte afetada quando estiver prestes a entrar no momento de beatitude. Se desejar atingir um propósito maior, como o sucesso em alguma área, concentre-se naquele item em particular da mesma maneira. Pensar superficialmente não funciona – você precisa mergulhar no momento de beatitude com o propósito que deseja alcançar.

A energia espiritual também pode ser utilizada com vários propósitos – atingir ganhos materiais, manipular as pessoas em benefício próprio, conseguir vantagens, entre outros. Entretanto, o mau uso da energia espiritual produz aflições, perda da paz mental e, finalmente, da própria lucidez espiritual. Por outro lado, usar essa energia para o bem-estar da humanidade traz coragem, força e paz.

CANALIZAR A ENERGIA SEXUAL A UM PROPÓSITO ESPECÍFICO

Qualquer que seja o propósito, o método se aplica a todos os casos. Por exemplo: você deseja usar sua energia sexual com um propósito criativo – pode ser uma pintura, um projeto, escrita ou qualquer outro. Para isso, faça o que foi descrito, mas dessa vez direcione seu impulso sexual enquanto se concentra na essência do seu trabalho. Esse objetivo deverá ser mantido em foco antes de realmente dar início ao método preciso.

A energia sexual também pode ser direcionada para prevenir doenças. Ela é utilizada para formar uma armadura protetora (*kavacha*) em torno de si. Isso significa que você deve se concentrar na força do impulso sexual e a direcionar para que ela envolva seu corpo com a ajuda de um *pranayama* profundo ou rápido. Realize essa prática regularmente e, sempre que se sentir temerosa, feche os olhos e visualize essa cobertura protetora à sua volta. Repita para si mesma que essa forte armadura repelirá qualquer força maligna que possa causar desarmonia ou perturbação em sua vida. Esse método também pode ser utilizado para desenvolver a coragem e para nos livrar de qualquer tipo de medo.

**Aqui termina a última parte de
Kama Sutra para mulheres, sobre sexualidade e espiritualidade.
Que as 11 partes deste livro, contendo cada uma 11 sutras, possam ajudar
a harmonizar mulheres e homens e promover a paz no cosmo.**

Considerações Finais

Draupadi é uma das principais personagens femininas do *Mahabharata* – o grande épico da antiga Índia. Ela teve cinco maridos; diz-se que isso aconteceu porque em sua vida anterior ela havia orado ao Senhor Shiva pedindo um marido que fosse o melhor arqueiro, o mais valente, o mais correto, o mais culto e o mais belo entre todos os homens no mundo. O Senhor Shiva, sabendo que as limitações dos seres humanos tornavam o desejo de Draupadi impossível, abençoou-a com cinco maridos diferentes, cada um personificando uma das qualidades pedidas. Apesar dos seus cinco homens excepcionais, Draupadi não escapou das dores e dos perigos da vida. O mais correto dos seus maridos a perdeu no jogo de xadrez e os primos dos seus maridos que a tinham ganhado nesse jogo sujeitaram-na a uma amarga humilhação. No final, ela perdeu seus cinco filhos na grande guerra irrompida entre duas famílias.

Como ilustra a história de Draupadi, a verdadeira felicidade não está em ser casada com um ou mesmo vários dos "melhores" homens do mundo. A felicidade está no íntimo, e é alcançada somente por meio da paz interior e da harmonia. A paz vem com a satisfação; o desejo constante por mais conduz invariavelmente a frustração, pesar e desarmonia. O desejo de permanecer em determinado momento do tempo ou de ter coisas como "elas costumavam ser" conduz à infelicidade. Vivenciar uma experiência desagradável torna impossível apreciar os aspectos agradáveis da vida.

Quanto à sexualidade e ao companheirismo dos homens, as mulheres devem proceder com a mente aberta e liberal. Embora valores comuns e compatibilidade sejam essenciais para um relacionamento sexual duradouro, não é necessário buscar ou desejar partilhar o lado sexual com todos os homens que admiramos ou gostamos de estar. Digo isso não a partir de um ponto de vista social ou moral, mas visando a satisfação e a felicidade pessoal. A capacidade da mulher de desenvolver relacionamentos com homens em vários níveis pode ajudá-la a conduzir uma vida íntegra. O mesmo se aplica aos homens quanto aos relacionamentos com as mulheres. Não se torne vulnerável nem faça da sexualidade sua fraqueza; pelo contrário, partilhe-a com uma mente conscienciosa e atenta e com o sentido de responsabilidade pelo outro. Precisamos ter fé na bondade humana básica e não nos prendermos às experiências passadas. Um pai ruim ou uma experiência negativa com um amante não deve balançar sua fé no restante dos homens do mundo. Todos os homens não se comportam da mesma maneira. Aprenda a observar o outro de um ponto de vista neutro. Nossas experiências passadas devem nos enriquecer, e não empobrecer. Se as suas experiências "ruins" parecem se repetir, então talvez seja o momento para examinar como você pode estar contribuindo para um resultado negativo.

Ninguém neste mundo é indispensável, e a vida continua mesmo quando não estamos mais aqui. Algumas pessoas se agarram ao pensamento daquilo que não têm, como um homem ou uma mulher ideal. Eles valorizam essa pessoa bem mais do que ela realmente é que chegam a centralizar toda a sua vida nessa imaginação. Essas pessoas são incapazes de aproveitar o momento. Lembre-se de que viver sobre o que aconteceu ou não aconteceu, o que poderia ter sido ou seria, é o mais prejudicial que você pode fazer a si.

O meu propósito, ao apresentar todos esses pontos, é desenvolver uma consciência maior de todos os aspectos da sexualidade. Entretanto, existem várias dimensões sociais desses problemas que não podem ser tratadas aqui em detalhes. Em países nos quais as mulheres não podem ter conta bancária, reservar um quarto no hotel ou dirigir um carro, este livro parecerá um conto de fadas. Mulheres nessas situações devem usar sua força para se organizar e elevar a voz contra essas restrições. Sinto que, mesmo nessas condições extremas, métodos agressivos e reacionários não trazem resultados frutíferos para mulheres, homens ou a sociedade como um todo. É verdade que nem todos os homens – nem todas as mulheres – cooperarão para a criação de uma nova ordem social. Mudanças radicais são sempre realizadas por um pequeno grupo. Além disso, é uma idéia ridícula achar que as mulheres são exploradas somente pelos homens. Seja no nível sexual ou social, a exploração de mulheres por mulheres mostrou não ser menor.

Embora algumas profissionais do sexo feminino possam resmungar dizendo que não conseguem prosseguir por causa da dominação masculina, um grande número de mulheres me relatou que tiveram suas piores experiências com as próprias mulheres. Acho que, muitas vezes, aquelas que culpam os homens realmente não os excedem em suas profissões e, ao culpar o outro sexo, elas se resguardam de enfrentar uma situação real. Independentemente de sermos homens ou mulheres, precisamos lutar muito neste mundo competitivo.

A exploração da mulher pela mulher é uma prática antiga, comum na prostituição dirigida por mulheres, no abuso de sogras em várias partes do mundo, em muitos desejos obsessivos de mulheres em ter um filho homem etc. Até no mundo ocidental, pais com alto nível educacional muitas vezes não encorajam suas filhas a freqüentar escolas profissionalizantes, embora insistam que isso é importante para os filhos homens. Filhas de médicos ou de executivos terminam muitas vezes como técnicas ou secretárias.

Pode parecer ao leitor, a partir dos meus comentários no Sutra 8 da Parte II, que sou contra a instituição do casamento. Pelo contrário, acredito que, com o passar do tempo, qualquer instituição, organização ou sistema de valores que não evolua degenera. Não precisamos abandonar o sistema de casamento, mas é necessário mudar a rigidez das normas ligadas a ele e torná-lo mais contemporâneo.

Na Parte II, defendi uma teoria da proporção masculino-feminina, que se baseia nas três qualidades fundamentais da Substância Cósmica. Essa teoria nos ajuda a ver homens e mulheres, em sua natureza primordial, livres de normas ou valores ligados a eles por diferentes sociedades do mundo. A teoria das três qualidades da Substância Cósmica tem significado somente em um contexto universal e, embora tenha surgido de uma tradição cultural indiana, transcende os limites daquela tradição. Sinto que a teoria de uma natureza masculino-feminina, em um cosmo interdependente, inter-relacionado e sempre mutável, permite uma grande variação dentro dos dois gêneros e não os compartimentaliza. Essa compartimentalização, imposta por sistemas sociais e religiosos, exerceu um efeito deveras maléfico por meio de toda a história humana. Quando metade das pessoas em determinada sociedade se vê submetida à injustiça, o desequilíbrio conduz à infelicidade geral. Pense em todos aqueles países em que as mulheres não podem nem sair de suas casas sozinhas e precisam se cobrir da cabeça aos pés.

Faz parte da natureza básica humana proteger-se contra a injustiça, e é uma necessidade humana interior manter o mínimo de liberdade. Aqueles que são submetidos a uma injustiça devem lutar contra ela por meios diretos, indiretos ou sutis, dependendo das circunstâncias. Quando a extensão da sua luta está limitada pela falta de liberdade, as mulheres adotam métodos dúbios. Desenvolvem um comportamento vingativo e dirigem sua ira para os filhos ou para outras mulheres. Em muitas mulheres submetidas a injustiças, traços negativos como teimosia, ciúme, raiva, fraudulência e malícia passam a prevalecer, e é a observação dessa dimensão das mulheres que levou alguns escritores antigos a descreverem essas características como traços básicos das mulheres.

Algumas podem se questionar por que é tão essencial manter um fluxo suave de energia sexual e qual a importância do que está além do puro prazer físico. Minha própria crença é de que, quando a energia sexual está impedida ou suprimida, ela muitas vezes bloqueia outros canais energéticos, o que pode desencadear enfermidades de vários tipos. (Alguns médicos holísticos acham que a taxa crescente de câncer de mama e de útero nas mulheres ocorre por causa do bloqueio da expressão sexual.) Meus textos sobre métodos de rejuvenescimento após o parto, ou modos para curar a falta de secreções sexuais, ou várias práticas iogues para aumentar a expressão sexual, não pretendem ser meras prescrições para descobrir a "alegria do sexo".

Considerações Finais

O corpo é o campo para todas as atividades mundanas. Sejam elas ganhos materiais ou espirituais, o corpo é o meio para todas. A sexualidade, uma das maiores atividades dos nossos corpos, serve não somente para a procriação, mas como um meio de compartilhamento e de comunicação entre duas forças diversas do universo. Parece que, de modo geral, a raça humana tem sido grandemente mistificada pela sexualidade. Muitas religiões e culturas a negam como um aspecto importante da vida, embora sua supressão sempre conduza a crimes, perversões, distúrbios mentais e vários outros problemas. A reação a essa negação converte esse fenômeno inteiramente natural em vulgaridade e obscenidade. Em tudo isso, as mulheres e as crianças são as pessoas que mais sofrem.

A esperança de uma solução para esse problema de múltiplas facetas consiste em assumir uma visão cósmica da sexualidade, tão livre quanto possível de normas e valores culturalmente impostos. Acredito que os princípios fundamentais estão além do espaço e do tempo, que uma expressão adequada da energia sexual possa conduzir a uma experiência espiritual e que nós, seres humanos, não deveríamos deixar essa imensa fonte de energia trancada em nós. A energia sexual nunca deverá ser suprimida. Como dito pelo grande sábio do nosso tempo, o Dalai Lama:

> *Algumas vezes me perguntam se este voto de celibato é realmente desejável e, na verdade, se ele é realmente possível. É suficiente afirmar que sua prática não é simplesmente uma questão de suprimir os desejos sexuais. Pelo contrário, é necessário aceitar inteiramente a existência desses desejos e transcendê-los pelo poder da razão. Quando bem-sucedido, os resultados sobre a mente podem ser muito benéficos (...) A gratificação do desejo sexual só consegue sempre uma satisfação temporária.*[24]

OM SHANTI

---

[24] *Liberdade no exílio: a autobiografia do Dalai Lama* (Nova York: Harper Collins, 1991), p. 2.